REENCARNAÇÃO
A JUSTIÇA DE DEUS
da filosofia à ciência

Solicite nosso catálogo completo, com mais de 350 títulos, onde você encontra as melhores opções do bom livro espírita: literatura infantojuvenil, contos, obras biográficas e de autoajuda, mensagens espirituais, romances, estudos doutrinários, obras básicas de Allan Kardec, e mais os esclarecedores cursos e estudos para aplicação no centro espírita – iniciação, mediunidade, reuniões mediúnicas, oratória, desobsessão, fluidos e passes.

E caso não encontre os nossos livros na livraria de sua preferência, solicite o endereço de nosso distribuidor mais próximo de você.

Edição e distribuição

EDITORA EME
Caixa Postal 1820 – CEP 13360-000 – Capivari-SP
Telefones: (19) 3491-7000 | 3491-5449
Vivo (19) 9 9983-2575 ☎ | Claro (19) 9 9317-2800
vendas@editoraeme.com.br – www.editoraeme.com.br

CÍCERO ALBERTO NUNES

REENCARNAÇÃO

A JUSTIÇA DE DEUS
da filosofia à ciência

Capivari-SP
– 2019 –

© 2019 Cícero Alberto Nunes

Os direitos autorais desta obra foram cedidos pelo autor para a Editora EME, o que propicia a venda dos livros com preços mais acessíveis e a manutenção de campanhas com preços especiais a Clubes do Livro de todo o Brasil.

A Editora EME mantém o Centro Espírita "Mensagem de Esperança" e patrocina, junto com outras empresas, instituições de atendimento social de Capivari-SP.

1ª edição – setembro/2019 – 3.000 exemplares

CAPA | André Stenico
DIAGRAMAÇÃO E PROJETO GRÁFICO | Marco Melo
REVISÃO | Rubens Toledo

Ficha catalográfica

Nunes, Cícero Alberto, 1971
    Reencarnação: a justiça de Deus – da filosofia à ciência
1ª ed. set. 2019 – Capivari-SP: Editora EME.
    288 p.

    ISBN 978-85-9544-124-8

1. Espiritismo. 2. Reencarnação. 3. Filosofia. 4. Ciência. 5. Religião.
I. TÍTULO.

CDD 133.9

Sumário

Agradecimentos......................7
Oferecimento.........................9
Apresentação.......................11

Capítulo 1
Reencarnação e ciência.........15

Capítulo 2
Reencarnação e justiça..........21

Capítulo 3
Reencarnação e lembranças.27

Capítulo 4
Reencarnação e a lei de amor,
justiça e caridade...................35

Capítulo 5
Reencarnação e exílio............45

Capítulo 6
Sócrates e a reencarnação.....53

Capítulo 7
Reencarnação e as
ciências psi............................59

Capítulo 8
Reencarnação e
conhecimento.......................65

Capítulo 9
Freud e Jung.........................77

Capítulo 10
A era do espírito...................81

Capítulo 11
Reencarnação e educação.....89

Capítulo 12
Reencarnação e a lei
de progresso.........................95

Capítulo 13
Reencarnação e o
"Sede Perfeitos"..................103

Capítulo 14
Reencarnação e sonhos.......109

Capítulo 15
Reencarnação e sexualidade..117

Capítulo 16
Entre os selvagens 123

Capítulo 17
Reencarnação e
transformação 129

Capítulo 18
Reencarnação e o
Sermão do Monte................139

Capítulo 19
Reencarnação e filosofia 143

Capítulo 20
Reencarnação e escola 151

Capítulo 21
Reencarnação e o despertar
da consciência 159

Capítulo 22
Reencarnação e
imortalidade........................169

Capítulo 23
Zöllner, Delanne e
Aksakof 179

Capítulo 24
Reencarnação e
mediunidade 187

Capítulo 25
Reencarnação e origem
do Universo.........................195

Capítulo 26
Reencarnação e perispírito ..203

Capítulo 27
Reencarnação e regressão
a vidas passadas 211

Capítulo 28
Reencarnação e futuro 217

Capítulo 29
Entre hindus e
muçulmanos.........................223

Capítulo 30
Reencarnação no Velho
Testamento 229

Capítulo 31
Reencarnação no
Novo Testamento 235

Capítulo 32
Missão do espiritismo
na Terra 241

Capítulo 33
Reencarnação e poder 247

Capítulo 34
Reencarnação e religiões.....255

Capítulo 35
Considerações finais............267

Bibliografia 271
Dados do autor 277

Agradecimentos

A Deus, por tudo.
Ao Plano Maior, pelas intuições.
À minha esposa, pela compreensão.
Aos meus pais, pela vida física e material.
Às minhas irmãs, pelas possibilidades.
À minha amiga Kátia Magna, pelas primeiras explicações...
E a todos quantos, direta ou indiretamente, contribuíram para o cumprimento de mais esta etapa.

Oferecimento

AOS MEUS FILHOS, ALICE e Kalel, para que o Senhor conceda-me a dádiva de auxiliá-los, por meio de ensinamentos contidos neste livro e de uma conduta modificada e renovada, na recondução ao divino aprisco, onde encontrarão, nas lições do Bom Pastor, que é Jesus, alimento e conforto.

A todos quantos tiverem acesso, direta ou indiretamente, às lições aqui contidas, que não são minhas, mas do benemérito Cristo, para que possam se refazer junto ao Pai Celestial.

Apresentação

O PRESENTE TRABALHO TEM como propósito tornar pública a pesquisa teórica realizada em âmbito científico, doutrinário e filosófico concernente aos princípios reencarnacionistas, que, longe de serem uma instituição do espiritismo, são tão somente a apreensão de uma lei divina, na sua forma racional e sólida. Neste aspecto, convém lembrar que a palavra reencarnação só aparece, no contexto em questão, no século XIX, na ocasião da doutrina revelada pelo Espírito de Verdade e organizada pelo professor Hippolyte Léon Denizard Rivail, ou Allan Kardec, pseudônimo que adotou após a publicação de *O Livro dos Espíritos*, primeira obra da codificação espírita.

Neste estudo, portanto, veremos que a ideia das vidas sucessivas sempre esteve presente na civilização humana, ainda que de maneira incompleta, sob os nomes de *metempsicose, samsara,* transmigração da alma, roda dos nascimentos, entre outros. O tema, longe de ser algo de que os cientistas querem manter-se distantes, representa vasto campo da pesquisa, cujos resultados, por questões de imparcialidade e de materialidade, são catalogados sob denominação própria, como "lembrança da personalidade anterior" ou "sobrevivência da consciência".

Apesar de tratado com reservas, o assunto ganhou espaço nas agendas dos doutores Banerjee, Stevenson e Goswami, os quais, adotando métodos científicos, estatisticamente irrefutáveis, percorreram o mundo verificando e catalogando casos sugestivos ou, mais do que isso, com evidências claras de reencarnação. Após décadas de pesquisa, esses pesquisadores publicaram seus trabalhos, nos quais encontramos robustas provas da *palingenesia*.

Para não ficarmos apenas nestes pesquisadores, de destacada importância, cabe citar também os igualmente renomados, da era pós-codificação (final do século XIX e início do século XX), como Johann Karl Friedrich Zöllner, Alexandre Aksakof, entre outros. Também de grande relevância a contribuição dos brasileiros Hermínio C. Miranda, Hernani Guimarães Andrade e Jorge Andrea dos Santos.

Ao longo desta obra, o leitor entenderá por que alguns grupos ainda se mantêm resistentes à tese reencarnacionista. Verá que o motor dessas argumentações está no apego às velhas convicções e dogmas que não mais se sustentam à luz da razão, baseados num pensar religioso ultrapassado, incoerente e vazio de lógica. Encontrará também no presente trabalho, à revelia dos que negam a reencarnação, provas científicas de vidas *pre* e pós-existentes, muitas das quais presentes no próprio texto das escrituras sagradas.

Nesse estudo veremos também os argumentos daqueles que, de maneira sistemática, insistem em "reinterpretar" as palavras do Mestre "para ver o reino dos céus é preciso nascer de novo", dando-lhes sentido diverso, ou ainda apoiando-se em textos modificados, a fim de respaldar suas convicções e acomodar interesses outros que não a verdade.

Por fim, é apresentado um apanhado das doutrinas religiosas mais professadas e mais antigas, fazendo-se uma interseção entre elas, no aspecto reencarnacionista. Demonstrando que, não apenas nos códigos escritos de conduta dos hindus, muçulmanos e budistas, mas principalmente nos escritos judaicos e cristãos, temo-la presente, desterrando assim a anatematização da reencarnação.

Capítulo 1

Reencarnação e ciência

A IDEIA REENCARNACIONISTA MISTURA-SE à história do próprio homem, porque esteve sempre presente no seio da humanidade, ainda que na forma mais embrionária. Sendo a reencarnação uma lei divina, carregam as criaturas, na consciência, essa ideia inata de que vivemos antes, como uma intuição, o que a aproxima do próprio Criador. Assim, ao longo de sua jornada, à medida que se desenvolve moralmente, o homem instrui-se e compreende a perfeição dessa lei, abençoada escola e prova da infinita misericórdia de Deus para com Seus filhos.

A reencarnação, portanto, não é uma "invenção" do homem, mas uma doutrina que se impõe às consciências, seja como artigo de fé, seja objeto de pesquisa da ciência, sobre a qual se debruçam também a filosofia e a teologia. Não é criação do espiritismo, nem do budismo ou do hinduísmo, mas é sim uma lei natural, instrumento pelo qual o homem realiza a sua evolução moral, possibilitando-lhe reparar numa vida as faltas cometidas em outra.

16 | Cícero Alberto Nunes

Nas palavras de Clayton Levy[1], a reencarnação proporciona reencontros para sanar desencontros e formar novos encontros. Ou seja, por meio do sagrado instituto da reencarnação, o ser reajusta-se com as leis divinas, revive as circunstâncias delituosas, nas quais incorreu, reabilitando-se perante o seu irmão e perante a própria consciência. A reencarnação é fruto da misericórdia divina, que reergue os homens de seus estados mais instintivos e inferiores para uma condição mais elevada e próxima de Deus. Representa ainda, um veículo pelo qual alcançamos a graça do Pai que deseja ardentemente que o filho se apresente diante de Si com seu corpo plenamente metamorfoseado, livre de manchas e repleto de luz.

Entretanto, a lógica reencarnacionista ainda é refutada por homens de ciência e por religiosos. Estes, apegam-se ao texto bíblico para defender que reencarnação não tem caráter divino. Mas a estes, que não querem levantar o véu da letra, bastaria citar algumas citações do Novo Testamento, em grego, aramaico e hebraico-siríaco, nas quais o próprio Cristo vem proclamar que "é preciso nascer de novo".

Ao longo do tempo, porém, emaranhado e envolvido pelas teias do materialismo e interesses, o pensamento do Cristo foi deturpado pelas igrejas dogmáticas, do qual foram se afastando.

Dois notáveis pesquisadores, o prof. Hemendra Nath Banerjee (1929-1985) e o Dr. Ian Stevenson (1918-2007), constituem ainda hoje excelentes fontes de referência no tema reencarnação. O prof. Banerjee, diretor do departamento de parapsicologia da Universidade de Rajasthan, Índia, desenvolveu por várias décadas um trabalho baseado em métodos científicos de que resulta-

---

1. O jornalista Clayton Levy é assessor de Imprensa na Universidade Estadual de Campinas (Unicamp), cidade em que reside. Orador e médium, por suas mãos já vieram a público diversas obras, entre estas *A mensagem do dia*, espírito Scheilla.

REENCARNAÇÃO – A JUSTIÇA DE DEUS | 17

ram os casos descritos no livro *Vida pretérita e futura*. Vejamos um pequeno trecho do livro do referido autor:

> Durante anos, os pesquisadores parapsicólogos que estudam os casos de reencarnação têm sido considerados charlatões, e seus estudos classificados como de efêmero valor. Mas, depois de mais de vinte e cinco anos de pesquisas neste campo, em que estudei mais de 1.100 casos de reencarnação em todo o mundo, e publiquei vários trabalhos sobre o assunto, a crítica diminuiu e surgiu maior interesse. Os fatos que cada vez mais chegam ao nosso conhecimento são tão impressionantes, que agora a comunidade científica passou a considerá-los como dignos de pesquisa. Desde o começo, decidi formar um centro de estudos internacional sobre a reencarnação. Seu objetivo seria estudar cientificamente casos de vidas anteriores em todo o mundo e coligir dados relativos aos mesmos.
>
> Minhas pesquisas de um quarto de século convenceram-me de que há muitas pessoas, nos Estados Unidos e em outras partes do mundo, dotadas de memórias diferentes, o que não se pode obter por vias normais. Chamo esse tipo de memória de "memória extracerebral", porque as afirmações dos sujeitos de possuírem lembranças de vidas anteriores parecem ser independentes do cérebro, principal repositório da memória. É fato científico que ninguém é capaz de lembrar o que não aprendeu anteriormente. Os casos descritos neste livro não se baseiam no ouvir dizer nem em histórias de jornais; baseiam-se em pesquisas que fiz através de rigorosos métodos científicos. Meu estudo sobre a reencarnação foi concebido à luz de várias hipóteses, tais como, a fraude, a captação de lembranças através de meios normais, e a percepção extrassensorial. (Banerjee, *Vida pretérita e futura*, 1987, p. 13-14.)

Como podemos depreender, o Dr. Banerjee fez uma vasta e sólida investigação acerca do assunto reencarnação, que, por questões materialistas e de imparcialidade, alguns cientistas costumam tratá-la de forma, digamos, "materializada". Devemos

18 | Cícero Alberto Nunes

entender que os cientistas não reconhecem a reencarnação, mas tratam o fenômeno de forma ainda não compreendida na sua trajetória infinita e sutil. Como bem diz o professor *Rivail*, o espiritismo e a ciência estão na mesma busca; no entanto, enquanto esta esbarra nas fronteiras do materialismo, aquele continua além e vai ao infinito, adentrando o mundo sutil.

Há igualmente a esplendorosa contribuição do Dr. Stevenson, um canadense que chefiou a Divisão de Parapsicologia do Departamento de Psiquiatria da Universidade de Virgínia, nos Estados Unidos. Esse ilustre estudioso dedicou décadas de sua vida a investigar cientificamente a reencarnação, levando outros pesquisadores e estudiosos sérios a estudar igualmente o assunto. Vejamos um pequeno trecho do livro *Reencarnação –Vinte casos*:

> Em 1960, publiquei um estudo e análise de casos sugestivos de reencarnação. A maioria deles apresentados naqueles textos já tinha sido publicado de algum modo, e pude incluir detalhes de apenas um caso que eu mesmo havia investigado, o de Henriette Weiz-Roos. Nos textos, expressei a esperança de que o estudo de outros casos desse tipo pudesse contribuir para o conhecimento da pesquisa psíquica a respeito da sobrevivência à morte física por uma personalidade humana. Desde então, tive a oportunidade de estudar, sozinho e com colegas, muitos casos de pessoas que afirmam se lembrar de uma vida anterior. Aqui, apresento alguns resultados desses estudos. (Ian Stevenson, *Reencarnação - Vinte casos*, 2011, pág. 28)

Apesar de toda difusão acerca do tema, ainda são encontrados muitos equívocos e abordagens sem consistência e lógica permeando as esferas menos científicas e menos filosóficas. Reencarnar, que significa reentrar na carne ou se investir de um novo corpo físico, representa o conforto para todos aqueles que se converteram às doutrinas defensoras da ideia reencarnacionista, como afirma Ian Stevenson em outra obra, *Crianças que se lembram de vidas passadas*:

> A crença na sobrevivência da personalidade depois da morte diminui a angústia dos sofredores e o medo daqueles que esperam morrer. (Ian Stevenson, 2011, *Crianças que se lembram de vidas passadas*, pág. 56)

Esta é uma das razões pelas quais se fala das doutrinas que defendem a lei das vidas preexistentes e reexistentes, vistas como consoladoras, pois a morte não existe e o reviver é uma oportunidade de refazimento e reconciliação com Deus. A crença e discussão acerca da reencarnação é algo antigo, quando consideramos como referencial o surgimento do cristianismo no mundo. É fato que antes mesmo da vinda do Messias, o Cristo salvador, a prática de doutrinas reencarnacionistas já era disseminada em muitas áreas do mundo, principalmente, na Ásia, na África e na Europa. No entanto, há muitas outras áreas do planeta em que a reencarnação é vivenciada por meio de alguma crença, a exemplo do Brasil, parte da Austrália, Nordeste da América do Norte, entre outras.

Além da geografia bem disseminada da reencarnação, encontramos igualmente disseminadas as crenças em que as discussões acerca das vidas preexistentes fazem parte, como no caso do cristianismo e do islamismo. Nestas crenças, muito embora se faça uma relação direta entre elas e a negação da reencarnação, vemos que há crentes de uma e de outra que seguem a ideia reencarnacionista. Isso acontece com os seguidores, não da religião, mas sim das lições deixadas por Cristo e por Maomé, que fundamentam a crença cristã e islâmica, respectivamente.

Este aspecto nos mostra que, libertos dos paradigmas humanos que envolvem as crenças, os crentes dessas doutrinas racionalizam a fé praticada, pois, seguindo as lições do enviado e não a instituição a que se ligam, erguida pelos homens, seus pensamentos estão livres, alargando os horizontes para a verdadeira elevação.

Capítulo 2

Reencarnação e justiça

Não há uma só área do Globo em que as ideias reencarnacionistas não tenham chegado. Não há uma minoria professando a crença na reencarnação, como supõem equivocadamente os negadores dessa lei natural. De acordo com o Dr. Ian Stevenson, em sua obra *Crianças que se lembram de vidas passadas*:

> Os crentes na reencarnação possivelmente existem em maior número do que aqueles que rejeitam a ideia ou nunca ouviram falar dela. (Ian Stevenson, 2011, *Crianças que se lembram de vidas passadas*, pág. 52)

Apesar de serem maioria, os crentes da reencarnação são discretos e não procuram persuadir ou coagir os que estão em minoria. Mas os que rejeitam a ideia são contundentes e incisivos em suas críticas. Usam de recursos diversos para combatê-la e aumentar o número de opositores, nem que para isso tenham de lançar mão de artifícios irracionais. É a eles que as palavras de Schopenhauer são dirigidas:

> Quem acredita que o nascimento de um homem é seu começo também deve acreditar que sua morte é seu fim. (Ian Stevenson Apud Schopenhauer, 2011, *Crianças que se lembram de vidas passadas*, pág. 62)

A reencarnação é vista ainda por muitos homens de gênio como uma ideia e *constructo*[2] racional, pois explicam de forma plausível a razão para a existência de pobres e ricos, bonitos e feios, pretos e brancos, inteligentes e débeis, doentes e sãos. Suas explicações lógicas são capazes de dar um sentido aos padecimentos humanos, independentemente de sua crença religiosa, classe social, língua falada ou etnia. Em vez da resposta simplória, "se tal é assim é porque Deus assim quer", o homem pode deduzir que, se a causa dos seus males não é encontrada na vida presente, é porque se encontra em vidas passadas.

Teria Deus então preferido ver nascer cegos, paralíticos, surdos-mudos em vez de seres gozando saúde plena? Que pai quereria longos padecimentos para seu filho? Se nenhum pai terreno teria prazer em ver o filho amargando mazelas, o Senhor, que é o Pai perfeito, não quereria jamais. Não há, pois, outra linha de pensamento que, buscando elucidar os acontecimentos na vida do homem, não adote a ideia reencarnacionista. Qualquer tentativa de trilhar um caminho diverso daquele que busca o entendimento dos padecimentos no mundo pela via da reencarnação incorrerá na exclusão de uns e privilégio de outros, por parte do Criador.

A ideia que alguns ainda defendem e difundem de que *tudo é porque Deus quer* é um engano. Deus quer apenas o bem e não o mal dos seus filhos, mesmo daqueles que se desgarraram. Não quer o padecimento do filho, atrelado anos a fio a um leito de

---

2. Construção puramente mental, criada a partir de elementos mais simples, para ser parte de uma teoria.

hospital, tampouco nas malhas da loucura. *Deus não quer* significa que Ele não deseja, que não se compraz com a lágrima que desce pela face de uma mãe em desespero ou na mão que derruba o irmão, na língua que fere, na justiça injusta. Se tal acontece na vida do homem é, pois, que há uma justiça tão justa quanto o mais justo dos justos.

Eis a grande questão a se entender. Deus criou todas as leis, e o homem está ligado a todas elas, principalmente, à *de causa e efeito*, uma promotora de justiça, que, no seu exercício harmonioso e perfeito com as forças do universo, reclama o bem que deixou de ser feito e aponta o mal praticado. A grande questão se assenta na base de que todo infrator das leis divinas cria em si mesmo uma vulnerabilidade ao reclame da lei.

Como bem diz André Luiz, repórter do Além, nas construções e elucidações dadas pelos espíritos, "todo mal praticado por nós fica impresso na nossa própria consciência, dispensando, como na justiça dos homens, um grande volume de papel e outro sem-número de testemunhas". Ainda conforme o referido espírito, "todo mal praticado por nós se acumula na forma de energia residual inferior ou trevosa em nosso corpo perispirítico, criando uma condição de impossibilidade de fuga para o infrator".

Assim pensando, o que dizer da obra iniciada com os primeiros raios de luz fora do ventre materno? O que dizer dos inúmeros bebês, que, tão logo deixaram o aconchego do ventre materno, mergulharam numa vasta e aparente indissipável escuridão? O que dizer daqueles filhinhos que já nasceram com todos os músculos e nervos paralisados e retorcidos? O que dizer de todos quantos carregam enfermidades congênitas pela vida inteira?

Tudo isso não é porque Deus quer, mas sim porque o infrator gerou um débito, em sua romagem, na contabilidade de reajuste com as leis do Criador, ficando circunscrito aos ditames de correção dessa lei, que é justa, implacável e perfeita, dela não podendo fugir o contraventor. A justiça de Deus é a oportunidade que todos têm de se livrar de suas falhas, de atenuar e apagar suas faltas. É ela o meio eficaz e eficiente que o pecador tem de livrar-se do pecado. Ela é vista como o remédio para o doente, o alívio para o viajor. É dessa forma que Deus cria as condições para a redenção daquele que infringiu as leis divinas e que de seus débitos precisa se despojar.

Se Deus cria as condições de redenção no início desta vida é que o viajante veio com falhas que só encontrariam espaço para a prática em outra vida, a anterior à presente. É sob tal concepção que Voltaire diz: *É mais surpreendente nascer duas vezes do que uma* (Stevenson Apud Voltaire). Nascer duas vezes, na visão do filósofo francês, significa não viver apenas uma existência, mas muitas, pois, por meio de vários nascimentos, a alma alcança sua evolução plena. Da mesma forma, Karl Gustav Jung diz que *a resposta à vida humana não pode ser encontrada dentro dos limites de uma vida.*

É coerente pensar que o processo de propagação e difusão dos casos relatados por meio das pesquisas do Dr. Ian Stevenson acerca da reencarnação encontra-se dentro de um plano e uma engenharia maior, que, no intuito de fazer chegar a todos o entendimento e a aceitação da reencarnação, faz-se conhecer por diversas formas, entre elas, os inúmeros casos de crianças que se lembram de vidas passadas.

Deus, o grande autor da vida, arquiteta todo processo de conhecimento de Suas leis e criação, para possibilitar ao homem a chegada ao fim do dia. Isso nos possibilita entender que todos esses casos investigados pelo Dr. Stevenson, Pierre Ducasse e suas equipes, não são casos aleatórios, mas sim uma realidade existencial e palpável, para que a lei universal da reencarnação alcance todos os segmentos da sociedade, desde pobres e ricos, cristãos e muçulmanos, budistas e maoístas.

Não se prendendo a fronteiras, alcança do oriente ao ocidente, passando pela África, Ásia, Europa, América e Oceania. O alcance desse processo deve ser analisado como algo de maior magnitude. Como dissemos anteriormente, esse processo representa não apenas a vontade e o desejo do Criador para Suas criaturas, fazendo com que a luz e o consolo da reencarnação alcancem a todos, principalmente, os seus perseguidores; mas, sobretudo, uma ação sólida e dinâmica do Pai celestial no sentido de criar condições para que Seu rebanho universal volte ao Seu aprisco. Isso nos faz lembrar o que encontramos nas escrituras, quando lemos que o Senhor faz chover sob os bons e os maus.

Longe de querer julgar a conduta moral dos que perseguem a reencarnação, a menção acima de fragmentos das escrituras não implica dizer que os defensores da reencarnação são bons e os que não seguem a reencarnação são maus. Nada disso. Quer-se apenas deixar claro que o Criador faz as Suas mensagens e revelações chegarem a todos, indistintamente. Não obstante, há aqueles que se permitem em um menor espaço de tempo, e sua disposição se dá pelo amor e não pela dor. Já outros levam um tempo bem maior para entender e aceitar que a lei da reencarnação é universal e que por meio dela toda humanidade evoluirá, impreterivelmente.

Todo esse processo de descoberta, análise, estudo e divulgação dos casos que, como bem fala o Dr. Stevenson, "sugerem" reencarnação, está inscrito no plano das revelações que o Pai preparou para a humanidade. Jesus Cristo, o nosso mestre e salvador, antes de nos deixar, materialmente falando, prometeu enviar-nos o Consolador, o paráclito[3], o Espírito de Verdade.

Pois bem, de posse das informações acerca dos acontecimentos dos últimos tempos, é fácil entender que a promessa está sendo cumprida, e que a chegada do Consolador já se fez e está em curso, como nos diz o próprio Cristo por meio de uma de suas parábolas, a que fala dos trabalhadores da última hora.

Veja-se o que se encontra na psicografia de Chico Xavier, pelo espírito Humberto de Campos, na obra *No roteiro de Jesus*:

> – Se os vivos nos traíram, meu discípulo bem-amado, se traficam com o objeto sagrado da nossa casa, profligando a fraternidade e o amor, mandarei que os mortos falem na Terra em meu nome. Deste Natal em diante, meu João, descerrarás mais um fragmento dos véus misteriosos que cobrem a noite triste dos túmulos, para que a verdade ressurja das mansões silenciosas da morte. Os que voltaram para os caminhos ermos das sepulturas retornarão à Terra, para difundirem a minha mensagem, levando aos que sofrem, com esperança posta no Céu, às claridades benditas do meu amor! (Chico Xavier, pelo espírito Humberto de Campos [Irmão X], *No roteiro de Jesus*, organizado por Gerson Simões Monteiro, 2013, pág. 271)

---

3. Paráclito ou Paracleto (do grego parakletos e, do latim, paracletos). Designa: aquele que conforta ou consola; aquele que encoraja e reanima; aquele que intercede em nosso favor. **N.R.**

Capítulo 3

Reencarnação e lembranças

PARA FUNDAMENTAR O PENSAMENTO de que lembrar-se de vidas passadas é mais uma revelação do que um privilégio, é preciso informar que as pessoas envolvidas apresentam estágios morais e intelectuais distintos. Há monges tibetanos que vivem uma vida virtuosa, ocupados apenas com orações e caridade; há aldeões que lidam com a terra, há comerciantes e fazendeiros, que lidam com atividades financeiras, e, por fim, há nativos de tribos que vivem uma vida distinta dos anteriormente citados.

Vejamos o que ensina o Dr. Ian Stevenson em *Crianças que se lembram de vidas passadas*:

> Em um desses casos, mãe de um homem que havia morrido sonhou que seu filho aparecia para ela e dizia: "Ajude-me! Estou em uma família pobre. Venha me salvar." (Ian Stevenson, 2011, *Crianças que se lembram de vidas passadas*, pág. 161)

Essa citação, em comparação com os casos em que monges tibetanos reencarnam e lembram-se de suas vidas anteriores, uma vez que estes, pelas práticas e caminhos virtuosos trilhados, mostram-se extremamente resignados; nos faz consolidar a ideia de que o momento e o processo são de inteira manifestação da reencarnação, por parte do Criador. Sendo assim, lembrar da vida anterior não é um privilégio, não é um aspecto da compulsoriedade em relação à existência presente, não atinge apenas aqueles que morrem por morte violenta e não é um fator segregador.

Isso posto, deve-se imaginar que todo esse processo que está em curso, toda a manifestação dos casos de crianças que se lembram de vidas passadas, aponta para a comunicação que está havendo entre os mundos invisível incorpóreo e visível corpóreo. É preciso que se tenha entendimento e aceitação para o testemunho que estamos tendo acerca da reencarnação, que, longe de ser instituição do espiritismo, representa uma das grandes leis do Pai celestial, que pode ser vista também como um veículo de depuração e melhoramento da criatura.

Alguns crentes da reencarnação, de acordo com as pesquisas do doutor Stevenson, não a veem como uma condição para um melhoramento do ser humano. No entanto, de acordo com outros, sobretudo aqueles mais virtuosos, a reencarnação é uma nova oportunidade, que não é fruto do acaso, para que o ser humano possa viver uma vida mais digna e devotada a Deus e ao próximo. Várias são as crenças ou correntes de pensamento em que a reencarnação encontra espaço doutrinário, em todas as partes do mundo. Não obstante, é na doutrina espírita que ela se corporifica e ganha contornos essenciais para os propósitos do Criador. É por isso que as palavras de um grande estudioso, mensageiro para o esclarecimento terreno, ecoam de norte a sul e de leste a oeste, ao afirmar que o espiritismo é o futuro das religiões e não a religião do futuro. Esta doutrina possibilita a reeducação do espírito, um processo milenar na história da humanidade, que, na experiência de cada ser, transcorre ao longo de séculos e séculos de milênios.

Todos os casos atribuídos ao Dr. Ian Stevenson e sua equipe

de colaboradores, intérpretes e outros pesquisadores, foram minuciosamente analisados e estudados, contribuindo assim para elucidação das dúvidas e incertezas acerca do tema. Com seu trabalho meticuloso e sistemático, Stevenson consolida a ideia da reencarnação. Mesmo que seu trabalho não buscasse o enaltecimento de uma doutrina ou ideia, os resultados de suas pesquisas nos mostram, explícita e implicitamente, que a reencarnação, além de ser uma ideia bastante difundida no mundo, por crentes de doutrinas diversas, pôde ser comprovada e consolidada, cientificamente.

Entre os métodos utilizados durante o processo de análise e comprovação dos fatos está o que diz respeito às marcas de nascença, que no transcorrer dos estudos verificou-se que elas representavam ferimentos ou procedimentos cirúrgicos, pelos quais as personalidades anteriores tinham tido suas desencarnações, conforme o que se lê em Stevenson:

> Em outro caso, um indivíduo que se lembrava da vida de um homem que havia morrido depois de uma operação na região do fígado tinha uma marca de nascença horizontal, parecida com uma cicatriz na pele, acima do fígado. Outro indivíduo tinha uma marca de nascença crescente atrás da orelha direita que correspondia em forma e também em localização à operação cirúrgica de mastoidectomia (um tipo de operação geralmente feita para operações não tratáveis no ouvido antes de os antibióticos passarem a ser comercializados). Como um exemplo final de detalhes nas marcas de nascença, menciono o caso de uma mulher burmesa que tinha pequenas marcas de nascença redondas de diversos tamanhos em seu seio esquerdo. Elas correspondiam aos ferimentos à bala de diversos tamanhos no corpo da pessoa de cuja vida ela afirmava se lembrar. (Ian Stevenson, 2011, *Crianças que se lembram de vidas passadas*, pág. 165)

Casos da mesma natureza, porém de aspectos distintos, puderam ser encontrados e comprovados. Na citação acima temos as marcas de nascença encontradas em lugares do corpo aonde a personalidade anterior havia sofrido um ferimento ou um procedimento cirúrgico. No entanto, em outros casos foram encontradas deficiências em indivíduos, como sendo produto da ação da personalidade anterior contra alguém, como o exemplo exposto na citação abaixo:

> A omissão parece ainda mais notável, até mesmo passível de acusação, porque durante minhas primeiras investigações no Sri Lanka (então Ceilão) em 1911 estudei o caso extraordinário de Wijerat-ne, que tinha uma grave má formação de um braço (síndrome Polônia), que ele atribuiu a ter assassinado sua noiva na vida anterior de que se lembrava. (Ian Stevenson, 2011, *Crianças que se lembram de vidas passadas*, pág. 208)

Assim, vê-se que os casos de reencarnação vão além da pura e simples oportunidade de "se viver duas vezes", como bem disse Voltaire. Nesses casos também se percebe um mecanismo que, segundo o próprio indivíduo que se lembrava da vida da personalidade anterior, age no sentido de cobrar dívidas contraídas pelos homens nas referidas vidas anteriores.

Materialmente, apesar de todas as comprovações encontradas, catalogadas, examinadas e analisadas, não somente pelo Dr. Stevenson, mas também por uma série de pesquisadores e cientistas sobre o assunto reencarnação, pode-se afirmar que a compreensão desse aspecto da lei maior é intangível à matéria, pois a sua circunscrição está no mundo inteligível, tendo o seu máximo entendimento apenas no mundo incorpóreo e, seguindo, sempre, o grau de adiantamento de cada um.

Dessa forma, a reencarnação é uma prerrogativa da eternidade contida no tempo. Assim, devemos concebê-la como filha deste, neta da eternidade e bisneta da criação. A reencarnação não é percebida no tempo, uma vez que sua verdadeira expressão dá-se apenas pela lente da eternidade. Sua expressão é ainda mais intrigante do que o tempo, pois enquanto este pode ser medido e avaliado, dado às suas condições de caracterização e definição, a reencarnação, não sendo palpável, medida, percebida ou assimilada, é objeto pura e exclusivamente do eterno, dada à sua condição de inteligibilidade e intangibilidade material.

A eternidade é a forma perfeita de apreensão da reencarnação, pois, como produto intangível e infinito, é continente; e tudo que encerra é conteúdo, como a reencarnação. De acordo com essas proposições, no mundo em que se vive, o material corpóreo, o grau de adiantamento da humanidade está aquém do desejado pela Criação para a percepção, de forma completa e racional, de uma lei ou prerrogativa da infinita Inteligência Suprema. Pode-se ainda entender a reencarnação como um processo de idas e vindas sob os auspícios da criação e governo do próprio homem.

A reencarnação não é uma dádiva perdida no tempo, apesar de a identificarmos desde longas datas dos nossos dias aqui na Terra. Não é ela propriedade de uma crença ou mesmo filosofia ou doutrina; é antes uma lei divina ou natural, que, acompanhando o homem silenciosamente, só se apresenta a este, de forma mais elaborada e dilatada, na medida em que sua razão é capaz de percebê-la e apreendê-la. Portanto, mesmo que seja negligenciada ou ignorada, a crença avançará sobre o mundo como o mais terrível dos exércitos, levando a sua bandeira aos pontos mais elevados da nova Terra, para que todos vejam, conheçam e creiam.

Longe de ser um conhecimento isolado e exclusivo, a reencarnação transcende as barreiras levantadas pela humanidade em seu processo de desenvolvimento e escolha dos caminhos a seguir de volta para Casa. Em sua expansão, não há partidarismo, corporativismo e tampouco exclusivismo. Ela se lança como chuva redentora em terras áridas e infrutíferas, livrando-as da infertilidade em seu mais profundo bojo, carente de conteúdo. A reencarnação, mesmo sendo um conhecimento inerente à criação do homem, age de acordo com seus mecanismos externos de apreensão, elevando a humanidade a uma ideia mais sólida e entrelaçada aos mais diversos espaços de congregação dos homens, conduzindo todos a um conhecimento em direção do entendimento real e verdadeiro dos fatos e circunstâncias que alguns, ainda, não se permitiram conhecer.

A reencarnação é o meio pelo qual, nós, homens, no gênero masculino ou feminino, na condição de crianças, adultos ou velhos, tornamos a nos encontrar nas mais diversas circunstâncias da vida que é imortal e se nos apresenta pelas suas inumeráveis estações. Somos, como bem disse o filósofo Erasmo de Rotterdam, atores em palcos diversos, encenando cenas múltiplas de uma grande história, que se passa em *sets* diferentes. De acordo com Erasmo, em sua obra *Elogio da loucura*, tem-se uma ideia para bem se entender a reencarnação:

> Ora, o que é a vida? É uma espécie de comédia contínua em que os homens, disfarçados de mil maneiras diferentes, aparecem em cena, desempenham seus papéis, até que o diretor, depois de tê-los feito mudar de disfarce e aparecer ora sob a púrpura soberba dos reis, ora sob os andrajos repulsivos da escravidão e da miséria, força-os finalmente a sair do palco. (Erasmo de Rotterdam. 2013. *Elogio da loucura*. Pág. 41)

A reencarnação é, pois, essa possibilidade de estar em cena como um personagem determinado e, logo em seguida, sair do palco, para retornar e encarar outro personagem, numa cena diferente e talvez com outros atores e em outro palco. O Grande Diretor dessa comédia, que jamais poderá ser considerada trágica, é Aquele a quem vislumbramos e percebemos como a Inteligência Cósmica, que, não da plateia nem de seu camarim, mas do próprio palco, interage e dinamiza todas as cenas com seus atores protagonistas e coadjuvantes, de acordo com o grau de importância de cada cena e de cada ator, sem, no entanto, tirar-lhes o protagonismo e a autonomia.

Assim, viver é como encenar uma peça de teatro em que nós mesmos a escrevemos e que nós mesmos somos os atores. Sintamo-nos, assim, como convidados, que, de acordo com o papel que desempenhamos na vida, somos chamados pelo Diretor a reviver e refazer as cenas mal apresentadas, que deixaram más impressões na plateia e nos próprios colegas de atuação.

Essa percepção nos dá uma ideia real de como alguns dos nossos comportamentos na vida nos faz voltar tantas vezes para refazer as cenas que precisam ser passadas de forma perfeita. E isso só é possível por meio da lei da reencarnação. Imaginando quaisquer artistas que, encenando e interpretando papéis, doam-se para que de todas as cenas imperfeitas, se tire o maior proveito possível. Quantas vezes as cenas são lidas e relidas, passadas e repassadas, feitas e refeitas? Quantas vezes se entra e se sai de cena, se erra no início, se melhora um pouco no meio, mas se acerta no fim das atuações? Todas essas possibilidades ganham corpo com a imensurável dádiva da reencarnação.

Capítulo 4

Reencarnação e a lei de amor, justiça e caridade

CONHECER AS NUANCES DA lei das vidas preexistentes e reexistentes representa um grande passo para a evolução humana, pois as metamorfoses, que o homem necessita enfrentar, dependem do seu grau de entendimento. Afinal, aceitar que o que se passa é produto de suas próprias escolhas é se ver imerso em um labirinto, cuja saída depende única e exclusivamente de si mesmo.

Entretanto, como bem afirma Herculano Pires em *Pedagogia espírita*, é preciso evitar o círculo vicioso da reencarnação:

> Mas, se não receber na vida terrena os estímulos necessários poderá sentir-se novamente preso à condição da vida anterior na Terra, estacionando numa repetição de estágio. É isso o que se chama círculo vicioso da reencarnação. (J. Herculano Pires, *Pedagogia espírita*, pág. 186, 2008)

De acordo com Herculano, uma das principais funções da educação espírita é evitar que a humanidade permaneça nesse círculo vicioso da reencarnação, gastando tempo e retardando a sua evolução ao longo de sua imortalidade. Todo e qualquer homem evoluirá, pois a evolução é uma lei divina e uma necessidade da humanidade. Além disso, a lei de adoração se expressa no regresso do homem ao seu Criador, como bem ilustra a narrativa do filho pródigo, condição esta que mantém relação íntima e estreita com o estado de pureza do homem. Assim, para regressar ao Pai, o filho deve estar despojado de todas as suas impurezas e inferioridades. E, é claro, essa purificação só será possível por meio da reencarnação.

É indispensável, para todos, a compreensão das leis de Deus, principalmente, da que se refere à reencarnação, pois é por meio dela que se vai e se volta, que se grava e regrava as cenas que não foram bem feitas. Conhecer a lei da reencarnação é uma dádiva para o homem, principalmente quando esse processo de conhecimento se dá o quanto antes na sua existência.

É bem verdade que a propagação da reencarnação está se dando em proporções naturais e atingindo um universo cada vez maior de homens, mulheres, velhos e crianças. No entanto, para o seu bem viver, o homem deve se permitir aceitar os sinais desse progresso intelectual e moral pelos quais a humanidade está passando, não desperdiçando tempo, o que será extremamente precioso para seu adiantamento moral.

Muitos lutam e relutam em não aceitar a reencarnação, ora movidos por ações institucionais de caráter negativo desta lei divina, ora por convicções próprias. Muitos dogmas que caracterizam as crenças distorcidas, quando o assunto é reencarnação, pregam abertamente e forjam a existência de um abismo que há entre a reencarnação e as dádivas do Pai celestial. Essas instituições, que mais são mercadológicas do que propriamente redentoras, visam tão somente a manutenção do *status quo* religioso, que, enraizado na cultura medieval, já se apresenta em estado de paralisia e decrepitude, sinais do fim dos tempos para as suas incompreensões e dogmas irracionais. Além disso, aqueles que se revestem de armaduras de papel, para tentar barrar o conhecimento das leis divinas, sucumbirão ao som ensurdecedor da marcha pelo progresso e sentirão o peso dos pés daqueles que, segurando as bandeiras indicativas do novo tempo, marcham rumo aos Campos Elíseos, como bem retratavam os gregos.

Não há mais como negar o *tsunami* avassalador da reencarnação, considerando aqui, não a destruição, mas o poder de atingir a todos de forma integral e racional. Como onda gigantesca, irá sim, esse evento natural, atingir e destruir, para renovar concepções equivocadas e insustentáveis que, atingindo o tempo da colheita, assim como o joio, precisam ser arrancadas e jogadas ao fogo, para lá queimarem.

No entanto, comparando a agricultores os artífices das ideias contrárias à reencarnação, é preciso que se entenda que cada homem do campo possui uma maneira diferente de tratar e preparar a terra para o plantio. Alguns usam técnicas corretas e adequadas ao solo; entretanto, há agricultores improvisados que, sem nenhum ou com pouco preparo com a terra, lançam-se sobre ela e a queimam, no intuito de realizar o plantio mais rápido e, por conseguinte, acelerar a colheita.

Esse processo de lida com a terra causa danos extremos à cultura que esse solo receberá. O que acontece em relação aos falsos pastores, que, nas palavras do Cristo, são tratados como falsos profetas, é semelhante a esse cuidador da terra, que, sem qualquer conhecimento ou vivência na boa prática da agricultura, acaba por prejudicar o plantio e a colheita.

No entanto, como bem diz a renomada e antiga frase "todos os caminhos levam a Roma", todas as formas de cultuar o Pai um dia reconduzirão o filho aos Seus braços paternais. Não obstante, assim como para se chegar a Roma havia caminhos mais longos e cheios de obstáculos, da mesma forma acontece em relação às diversas formas que se conhece para o regresso do filho pródigo ao Pai.

Sabendo que a religião não é um fim, mas sim um meio, todas elas trabalham para levar o homem a Deus. Mas a bem da verdade, por negarem questões de extrema relevância para o entendimento das coisas dos céus, expressão utilizada para referir-se às coisas de Deus, algumas religiões estão conduzindo seus seguidores por estradas mais longas, onde, por desconhecimento, serão envolvidos em murmúrios, incredulidade, ignorância e preconceitos, chegando a fechar os olhos a tudo que deveriam conhecer, mas, por endurecer seus corações, resolveram atender mais aos apelos dos homens do que aos de Deus.

Esses homens, que ainda não despertaram para uma nova percepção em relação às coisas do reino – como bem disse Jesus, estão caminhando às cegas, orientados também por cegos –, de tanto baterem suas cabeças, desejarão, um dia, abrir os olhos e o coração, seguindo assim, os passos do mestre Jesus. Esses cegos de nascença, que não ficarão na escuridão por muito tempo, descobrirão que muito perderam de suas existências, que poderiam estar além de onde hoje estão, que poderiam estar mais próximos da casa do Pai, mas que, por incredulidade e dureza de coração, por professarem uma fé cega, preferiram estacionar nas estações dos encantos e do fanatismo. A eles o Pai também preparará um banquete, com o alimento da vida. Mas quanto tempo ainda desperdiçarão, comendo migalhas e os restos dos porcos! Eles mesmos verão os efeitos de suas incoerências e soberba. Desejarão o quanto antes conhecer o verdadeiro cilício que os conduzirão a uma vida mais esclarecida e verdadeiramente dedicada ao próximo, onde a indulgência, a compreensão, o amor e a razão falarão mais alto.

Com isso, é preciso que se entenda que as religiões representam uma forma de o Pai não deixar Seus filhos órfãos, sobretudo, aqueles de coração mais endurecido e com a razão pouco desenvolvida. Entretanto, como já dissemos, aqueles que conduzirem as ovelhas para pântanos tenebrosos em vez de conduzi-las a terras férteis, serão cobrados pelos infortúnios causados a cada um desses viajores sequiosos e ávidos por balsamizarem suas chagas, pois, como a própria palavra *religião* faz entender, esta deve *religar* todas as criaturas ao Criador. O contrário disso representa uma infração às leis do Pai.

Conhecer a lei universal da reencarnação representa viver com o olhar no futuro, para a vida futura, tempo em que se concretizarão as dádivas e heranças prometidas pelo Cristo. Estudar a reencarnação significa olhar para o passado, para o presente e para o futuro, condição *sine qua non* para o aperfeiçoamento intelectual e moral do homem. Quando se olha para o passado, vê-se que a humanidade é de ontem e não de hoje, como se encontra explícito na narrativa de Jó[4]. Essa visão possibilita ao homem entender porque está passando por todas as situações no presente. Entende, assim, que Deus não o pune, que o universo não conspira contra ele, que ninguém está tramando infortúnios às suas costas. Quando se tem o conhecimento das vidas preexistentes, pode-se agradecer ao Pai por Ele deixar a porta aberta ao arrependimento.

Por outro lado, olhando para o futuro, sabendo-se que as riquezas prometidas pelo Cristo estão circunscritas na vida futura, que é a vida espiritual, procura-se viver o presente de forma a

---

4. Jó era homem íntegro, temente a Deus. Mas atravessa um período de provas: a perda dos filhos, dos bens e da própria saúde. Ele cria que o Senhor viesse em seu socorro, dando-lhe o galardão dos justos, antes de sua morte. Esta era a "doutrina da retribuição", segundo a qual os bons seriam premiados ainda em vida e que aos maus, caso escapassem da punição, a justiça divina cairia sobre seus filhos. Jó não concordava com a teoria, porque entendia que cada criatura deve responder por seus atos. Após longos anos de sofrimento, Jó reconcilia-se com Deus, resigna-se e compreende toda a Sua justiça: Deus dá, Deus tira, Deus restitui. (Jó, I, 20-21; 2.10) **N.R.**

agradar a Deus, de forma moralmente imperecível, pautando as ações na caridade, que, segundo o Messias redentor, é a única senha para a entrada no reino dos céus.

Plainando sobre o passado e o futuro, o homem cria para si uma jornada dedicada ao entendimento de suas provas e expiações. Entende que, se está amargando alguns padecimentos, é porque tomou decisões que favoreceram esses acontecimentos, pela lei de causa e efeito. Enxergando a causa de suas dores no passado, o homem entende que, no presente, precisa se refazer e adotar uma postura face às leis de Deus e ao próximo, de forma diferente, racional, humana e construtiva. Compreenderá que as leis divinas são imutáveis e eternas, que precisam ser entendidas e cumpridas, que devem ser postas em prática durante todo o caminho que este percorrer, tendo sempre, ao seu lado, o seu semelhante.

As leis divinas não foram feitas apenas para criar uma relação de adoração em relação a Deus, mas, sobretudo, para que a humanidade conviva em constante e plena harmonia, onde cada homem amará seu próximo, como a si mesmo, como bem recomendou o excelso Mestre, e convivendo, também, em equilíbrio com a natureza.

Seria impossível uma vivência equilibrada e harmônica entre homem e homem e entre homem e natureza sem a observância dos ditames das leis do Eterno Pai e, entre elas, a lei da reencarnação. Jamais poderia haver uma renovação da humanidade deixando de lado os pressupostos, como bem disse Sócrates, da roda dos nascimentos. Entender a vida e suas mais diversas provas, que devem ser sempre vistas como uma oportunidade nova, oferecida pelo Criador, infinitamente misericordioso, depende do conhecimento que se constrói ao longo das existências, da aceitação da própria condição humana e do mais importante:

a amabilidade, a bondade e a misericórdia da Magnânima Inteligência Cósmica, que a todos ama e de quem aguarda pacientemente o retorno.

Alimentando a certeza de que o Pai Criador é bondoso e quer o bem de todos, pode-se alimentar a certeza de que o pecado será erradicado e banido dos mundos, que o pecador, um dia cansado, voltará o rosto ao seu Criador, retrato de perfeição, e clamará uma nova oportunidade que virá por meio de uma nova existência. Se assim não olharmos para a vida, perderemos as dádivas do Pai Celestial, perderemos mais uma existência em que nos dedicamos apenas ao hoje e não ao ontem e ao amanhã.

Há uma grande importância em se conhecer, entender e vivenciar a lei da reencarnação, principalmente quando queremos manter uma relação próxima e de fidelidade com o Criador. Quando se busca o Pai, deve-se buscá-Lo na sua íntegra, não às cegas, o que geraria um fanatismo, mas entendendo-O, observando e vivenciando os ensinamentos impressos nas Suas leis.

A reencarnação representa todo um conjunto de fatores e aspectos inerentes às oportunidades que Deus proporciona a toda a humanidade. Dessa forma, cada ser, ciente das leis divinas, uma vez que elas estão escritas em sua consciência, traz em si a certeza de que seu retorno à casa do Pai é uma realidade e não uma abstração. No entanto, para que este retorno aconteça o quanto antes, é necessário que o homem busque o entendimento das leis do Pai Celestial. Além disso, apenas uma condição fará com que cada homem e cada mulher enfrentem, de forma equilibrada, sensata e resignada, os padecimentos da carne: o conhecimento da pluralidade das existências.

Toda a humanidade circunscrita ao planeta Terra, exceção feita aos espíritos que aqui vieram com a missão de impulsionar nosso progresso, como Jesus, tem razões que justificam seus padecimentos. Com isso, o conhecimento e aceitação da reencarnação são extremamente relevantes, pois diz ao devedor que, apesar de ter-se banhado nas águas do *Letes*, possui um passado, e que este passado, vivido até o último grão da ampulheta, levou ao mundo inteligível marcas que, até a existência transata, foram consideradas indeléveis.

Crer que há apenas uma vida terrena, uma única existência neste plano grosseiro, significa que nosso passado não responderia pelos nossos padecimentos presentes. Assim, como veríamos o nosso Pai Celestial? Como um Criador que segrega Seus filhos? Como um ser que, apesar de infinitamente misericordioso, encontraria prazer em nossos padecimentos, em nossas mazelas físicas e sociais?

Como bem vemos, aceitar e entender a reencarnação é indispensável para que não se cometam injúrias e injustiças em relação a Deus, pois negar a reencarnação seria apagar todo passado da criatura, colocando-a como ré de uma justiça divina dita perfeita. Não há nenhuma racionalidade em, negando a reencarnação, colocar o destino de padecimentos e sofrimentos da humanidade nas mãos de Deus. Não há legitimidade nem razoabilidade no pensamento que tenta desterrar e desmantelar a lei das vidas preexistentes e reexistentes, colocando o homem como um objeto nas mãos de uma inteligência suprema, que mais quereria assim dar ao homem o produto dos caprichos divinos.

A reencarnação é, para não se cometer injustiças com Deus, com o universo e com o próprio semelhante, uma condição de reencontro com o produto de nossas mais ignóbeis ações. É por meio das vidas vividas que se explica todo padecimento que o homem enfrenta em sua vida presente. Sem ela, como já dissemos antes, não haveria como explicar essas discrepâncias no seio da humanidade. Além de não ser racional a negação da reencarnação, seria incoerente também uma única existência antes da recompensa eterna: aos que mereceram o Eliseu, o paraíso eterno; e aos que mereceram o fogo eterno, choro e ranger de dentes.

Imagine uma vida em um imenso e infinito jardim, com muitas belezas naturais, a paz reinando, o vento soprando, o céu sempre belo, sem sabermos se haveria noite ou dia, sem saber se haveria animais nos campos ou não, e, em meio a tudo isso, inserido nessa paisagem divina do paraíso, o homem. Fazendo o quê? Deitado? Pescando nos rios do paraíso? Escalando as montanhas celestiais? Ora, basta examinar um detalhe da vida humana para saber que a monotonia, condição essencial dessa vida eterna no céu, sem trabalho, sem nada para fazer, tornaria o homem irrequieto, alguém procurando algo para fazer, algum tipo de trabalho, sem encontrar.

Quando o homem alcança a idade senil e conquista assim o direito de ausentar-se das atividades laborais, ele não se habitua à rotina do nada fazer; muitos até retornam às suas atividades, somente porque a vida no ócio é para eles como a cicuta, que foi dada ao sábio da antiguidade. Se, na vida material, em que o espírito, por estar ligado ao corpo físico e se vê envolto nas teias de cansaço e fadiga, não suporta a ociosidade, que dizer de sua condição liberta do corpo biológico, em que ele não conhece o cansaço ou qualquer outra necessidade que pertence apenas ao mundo material grosseiro? Assim, a existência única, como alguns ainda defendem, encontra impossibilidade na condição existencial do espírito, que é o labor em favor de seu próximo. Então, viver a eternidade no ócio, no prazer ou no riso conduziria a um estado patológico existencial. Melhor seria pensar a existência do espírito, na sua condição imortal, numa multifacetada existência, num conjunto de vidas a serem vividas de acordo com a maneira de cada um conduzir suas ações.

Capítulo 5

Reencarnação e exílio

Muitas civilizações, sobretudo as mais antigas, já possuíam o gérmen das ideias concernentes à pluralidade das existências. Em sua forma inicial ou mesmo em seu mais rude ensaio, a ideia reencarnacionista migrava no fluxo interno da humanidade, perpassando períodos, eras, idades e tantas outras formas de medição do tempo. Uma dessas civilizações, a egípcia, que habitou às margens do rio Nilo e que teve sua unificação por volta de 3.200 anos a.C. é um sólido exemplo de como a pluralidade das existências germinava no seio das organizações humanas e sociais.

Os egípcios, povos que até hoje despertam curiosidades e buscas, quando o assunto é a relação mantida entre si e seus deuses, criam que o homem continuava vivo além-túmulo e que, de acordo com suas concepções, traduzidas nos rituais com os mortos, essa vida seria material e a alma retornaria para o seu corpo do pretérito. A alma iria ao mundo dos mortos e, em seguida, retornaria para outra vida no mesmo corpo, motivo pelo qual se realizava o processo de embalsamamento e mumificação, com vistas a preservá-lo. Também era depositado junto ao sarcófago ou no túmulo todo o tesouro que o ser, durante a existência finda, conseguira acumular.

Essa ideia faz supor que esses povos acreditavam que a alma voltaria para a Terra, não indo definitivamente e eternamente para o céu ou para o inferno. A prova dessa concepção é o fato de que os tesouros preservados eram os materiais, que, como bem sabemos, não entram no mundo espiritual. Assim, a ideia reencarnacionista, como já dissemos antes, não é nova nem tampouco é filha do espiritismo, em sua existência doutrinária. A ideia da reencarnação acompanha o progresso da humanidade, apesar de nem todos os homens e nem todas as crenças religiosas serem favoráveis, sequer, à discussão do assunto.

No exemplo acima, em que se trata de como uma determinada civilização correlaciona-se com a pluralidade das existências, onde se especifica a vivência dos egípcios, povos que há milhares de anos se fixaram às margens do Nilo e apresentaram, para a época, um grau de desenvolvimento acima do encontrado em outros povos que viveram na Terra no mesmo período, temos, solidamente, a corroboração de nossas idas e vindas.

A civilização egípcia, derivada da unificação dos *nomos*, que eram propriedades agrícolas cujos donos eram denominados *nomarcas*, apresentou grandes descobertas para o momento histórico em que estava inserida. Entre essas inovações ou modernizações podemos citar as obras arquitetônicas e de engenharia, o que se comprova pela existência do aproveitamento das cheias do Nilo, razão pela qual as habitações, por motivos de segurança e sobrevivência, eram transferidas para além das margens do rio.

Nesse aspecto, podemos citar as obras hidráulicas que conduziam as águas do Nilo até o lugar que receberia o plantio. Antes dessa obra de engenharia hidráulica, os egípcios sofriam perdas humanas e agrícolas, pois, como ainda não haviam desenvolvido um sistema moderno de aproveitamento das águas, os povos mantinham uma distância muito curta em relação às margens do rio. A construção das pirâmides revela um magnífico e sofisticado sistema de engenharia, que até hoje encanta os estudiosos e turistas que vislumbram a imensa marca deixada pelos antigos egípcios em seu império.

Além das impressionantes obras citadas, inseridas no campo de desenvolvimento da engenharia e arquitetura, podemos citar um notável desenvolvimento na medicina. Os egípcios foram deslumbrantes, pois milênios antes de Cristo realizaram complexas cirurgias de crânio. Se o progresso gerado na engenharia e na arquitetura foi motivado por questões de subsistência, uma vez que era salutar para os egípcios aproveitar as cheias do Nilo, caso contrário morreriam em decorrência das destruições causadas por essas cheias ou de fome, pois durante muitos meses o rio diminuía de volume, o desenvolvimento ocorrido na área da medicina foi alavancado por questões religiosas.

Como citado anteriormente, os egípcios criam na vida além-túmulo e, para realizar seus rituais de preservação do corpo, passaram a estudar o corpo humano, em busca de novas técnicas para o processo de embalsamamento e mumificação. O caso egípcio é apenas um em que um povo apresenta um grau elevado de desenvolvimento e apreensão das coisas da vida, além do encontrado no *espaço-tempo*. Assim, eles nunca estiveram sós. Ao passo que os egípcios desenvolviam um pensamento em relação à vida pós-túmulo, outros povos, sobretudo na Ásia, na América e na Oceania, apresentavam uma concepção distinta, mas inserida no mesmo plano de abstração e percepção. Isso quer dizer que, no mundo, uma imensa maioria de grupos humanos desenvolve ao longo do tempo histórico, que está inserido no tempo de Deus, suas percepções acerca das leis do Criador.

Importante dizer que cada avanço que caracteriza uma civilização ou sociedade no *tempo-espaço* ocorre de acordo com o seu grau de adiantamento moral e intelectual, o que nos permite entender por que há tantas concepções e ideias distintas, já que todos descendem da mesma causa motora. No entanto, nenhuma civilização poderia apresentar, para a época em questão, conhecimentos tão arrojados e tão maestralmente conduzidos senão em razão do repatriamento de espíritos, de um para outro mundo, condicionado por avanços no campo intelectual, mas pouco crescimento no campo moral.

O modo de como os egípcios e outros povos compreendiam a reencarnação era incompleto, uma vez que, envolvidos pelo véu do esquecimento, contavam com as elucidações do plano espiritual vindas por meio das intuições e das assistências dos benfeitores espirituais, que, por alguns motivos, não ecoavam de maneira mais sólida. Mesmo que essas questões fossem mais sutis e etéreas, elas se mostravam a esses povos de maneira rasteira, como dissemos, mais intuitivas e menos desnudas.

O exílio causou nesses povos uma contrariedade, gerando tristeza em alguns, revolta em outros. Supomos que os sentimentos despertos pela expulsão do paraíso, aliados à inferioridade perante a humanidade a que pertenciam, barrou-lhes o curso do entendimento das questões relacionadas com as vidas preexistentes. Assim, aqueles que aqui constituíram os egípcios, os árias, o povo de Israel e as castas indianas, após serem exilados de suas terras e enviados para o nosso planeta, enfrentaram os dissabores e as adversidades de habitar um orbe primitivo e menos adiantado do que aquele em que viviam.

É nesse contexto que se explica o mito do paraíso. O expatriamento desses espíritos de sua terra natal deu-se devido à impossibilidade na afinidade entre estes e o próprio planeta, uma vez que, por permanecerem contumazes em comportamentos e hábitos que não condiziam com a etapa de evolução a que o planeta estava para alcançar, a Espiritualidade Maior não viu outra solução a não ser o expatriamento, que, apesar de doloroso, representava o único meio para aqueles espíritos conquistarem as credenciais morais que lhes dessem condições de retorno à terra de origem.

Vejamos o que nos escreve, acerca do assunto, o espírito Emmanuel por meio da psicografia de Chico Xavier:

> Nos mapas zodiacais, que os astrônomos terrestres compulsam em seus estudos, observa-se desenhada uma grande estrela na constelação do Cocheiro, que recebeu na Terra o nome de Cabra ou Capela. Magnífico sol entre os astros que nos são mais vizinhos, ela, na sua trajetória pelo infinito, faz-se acompanhar, igualmente, da sua família de mundos, cantando as glórias divinas do Ilimitado. A sua luz gasta cerca de 42 anos para chegar à face da Terra, considerando-se, desse modo, a considerável distância entre Capela e o nosso planeta, já que a luz percorre o espaço com a velocidade de 300.000 quilômetros por segundo.
>
> Quase todos os mundos que lhes são dependentes já se purificaram física e moralmente, examinadas as condições de atraso moral da Terra, onde o homem se nutre das vísceras de seus irmãos inferiores, como nas eras pré-históricas de sua existência, marcham uns contra os outros ao som de hinos guerreiros, desconhecendo os mais comezinhos princípios de fraternidade e pouco realizando em favor da extinção do egoísmo, da vaidade, do seu infeliz orgulho.
>
> Há muitos milênios, um dos orbes da Capela, que guarda muitas afinidades com o globo terrestre, atingira a culminância de um dos seus extraordinários ciclos evolutivos. As lutas finais de um longo aperfeiçoamento estavam delineadas, como ora acontece convosco, relativamente às transições operadas no século XX, neste crepúsculo de civilização.
>
> Alguns milhões de espíritos rebeldes lá existiam, no caminho da evolução geral, dificultando a consolidação das penosas conquistas daqueles povos cheios de piedade e virtudes,

50 | Cícero Alberto Nunes

> mas uma ação de saneamento geral os alijaria daquela humanidade, que fizera jus à concórdia perpétua para a edificação dos seus elevados trabalhos.
>
> As grandes comunidades espirituais, diretoras do Cosmos, deliberam, então, localizar aquelas entidades, que se tornaram pertinazes no crime, aqui na Terra longínqua, onde aprenderiam realizar, na dor e nos trabalhos penosos do seu ambiente, as grandes conquistas do coração e impulsionando, simultaneamente, o progresso dos seus irmãos inferiores. (*A caminho da luz*, Emmanuel, pela psicografia de Francisco Cândido Xavier, págs. 27 e 28, 2015)

É nessa concepção, a do expatriamento desses grupos, que se deve entender a verdadeira essência dos textos encontrados na Bíblia, e que fazem alusão a um paraíso e à expulsão de seus habitantes.

Os povos exilados, mais evoluídos do que os que já se encontravam aqui, o que fica bem claro por meio dos estudos arqueológicos, antropológicos e históricos, percebem intuitivamente e por meio das sutis comunicações dos espíritos benfazejos, sob a orientação de Jesus, que foram conduzidos a renascer entre seres inferiores, o que faz com que nasça a doutrina da metempsicose, posteriormente envolvida em equívocos, distanciando-se de sua origem. Deus inspira a humanidade desde a sua criação, mesmo no seu estágio mais primordial, em que sua relação com a natureza era, na verdade, para ela própria, a ligação que se tinha com algo de supremo e superior a si.

O homem, ao nascer para a vida terrena, na sua condição mais remota, já enxerga em tudo a sua volta – florestas, mar, rios caudalosos, estrelas, lua, sol, montanhas e tantos outros elementos naturais – algo de sobrenatural, dada a sua concepção e desenvolvimento cognitivo. Portanto, Deus age de forma natural, mostrando à humanidade, por meio de estímulos, imagens e fenômenos, que o homem não é produto do acaso e que há algo superior a si.

Aos poucos, as relações vão se transformando, ganhando mais consistência à medida que a consciência humana vai se desenvolvendo. Esse processo flui de tal forma, que sua naturalidade vai produzindo uma apreensão mais amadurecida desse ser que está acima de seu entendimento. Assim, quando olhamos para o mundo na sua contemporaneidade, vemos que todo esse processo que se desenvolveu ao longo de séculos de milênios permitiu ao homem apenas se colocar em posição de engatinhar, para avançar rumo ao que se pode compreender de acordo com o desenvolvimento de nossas capacidades e potencialidades.

Dessa forma, temos hoje um mosaico de crenças e credos religiosos que juntos formam um imenso e esplendoroso louvor ao Criador, das formas mais peculiares possíveis. Isso implica dizer que o que temos hoje de crenças religiosas, das mais fanáticas e dogmáticas às mais racionais e sensatas, representa uma maneira carinhosa e toda bondosa do Criador para derramar suas bênçãos, luzes e esclarecimentos sobre Seus filhos, dos mais rebeldes aos mais educados, quanto ao ponto de vista espiritual. Todos são filhos do mesmo Pai. Todos merecem, portanto, um amparo amoroso e bondoso da magnânima inteligência cósmica que a todos criou. Deus sabe que cada uma de Suas criaturas apresenta uma particularidade ímpar, sem que haja uma criatura sequer igual à outra. Para que nenhuma de Suas ovelhas fique desgarrada, sem que haja um pastor para guiá-la ao aprisco do Senhor, o Altíssimo usa das criações das instituições dos homens, as igrejas, dentro de suas mais diversas particularidades, para assistir e, portanto, garantir que todos os Seus filhos cumpram a lei de adoração, que representa o retorno da criatura ao Criador.

As diferenças existentes entre as crenças religiosas possibilitam o acolhimento das mais diversas formas de encarar a espiritualidade e a relação entre Deus e a humanidade. Tudo isso para que os homens, apesar das ideias divergentes, possam entender-se e viver em paz, até que o amadurecimento aconteça de fato e o progresso chegue a todos. Assim se explica por que muitos tenham dificuldades de entender e reconhecer a pluralidade das existências. Não obstante, há que se asseverar que o progresso chega silenciosamente e a passos cadenciados. E aqueles que não seguirem o seu curso serão atropelados por ele.

Capítulo 6

Sócrates e a reencarnação

O ASPECTO DA DIVERSIDADE de credos existentes no mundo está inserido no tempo de Deus, que, diga-se de passagem, com a vinda do espírito Consolador, está, como dito anteriormente, provando dos últimos grãos de areia da ampulheta. Isso significa dizer que todos os homens terão que acompanhar o processo evolutivo, mesmo aqueles que são resistentes à reeducação espiritual. O fato é que, com o envio do Consolador, que é o espiritismo, o véu foi rasgado. E o que se mantinha por trás, por falta de condições de entendimento, veio à luz, trazendo à humanidade todas as condições necessárias para uma congregação de todas as formas de pensamento, para cumprir o que foi dito, que todas as religiões um dia se espiritualizarão, tornando-se o espiritismo o seu futuro.

Portanto, conhecer e crer, no que tange à reencarnação, é uma condição indispensável para que se possa seguir a cadência do progresso, que, longe de ser apenas intelectual, é tanto moral quanto este. A elevação moral da humanidade está associada ao seu conhecimento das leis de Deus, assim como a sua observância. O conhecimento da pluralidade das existências está associado à elevação intelectual do homem, pois este, evoluído intelectual e moralmente, poderá realizar um exame de sua conduta, deixando de ser guiado por uma fé, dita cega, para guiar-se por uma fé racional.

Na medida em que o homem refletir sobre esta questão, ele poderá entender que a reencarnação representa a explicação ou a resposta para todos os padecimentos dos quais sua vida está envolta. É essa uma questão de grande relevância para o homem, pois o exame a fazer na sua vida deve ser realizado, de forma mais prática e direta, à luz de duas leis divinas, a de causa e efeito[5] e a da pluralidade das existências. O homem que pretender avançar em sua senda não deve, pois, esquecer de realizar o exame de sua existência.

De acordo com Sócrates, *a vida não examinada não vale a pena ser vivida por um ser humano*. Segundo o filósofo, *deixar de olhar honestamente para a própria vida era uma traição à condição humana* (Wilson, 2013). O exame da condição humana ou mesmo da vida possibilita ao homem o conhecimento da verdade, criando possibilidades para discernir entre o certo e o errado.

O filósofo grego dedicou-se à busca da verdade, pois pensava encontrar nela a sua elevação moral e ética, levando assim uma vida dedicada ao bem. Além de buscar sua iluminação, o que segundo ele mesmo só poderia acontecer por meio da filosofia, Sócrates criava condições para fazer com que os homens de seu tempo também enxergassem, na verdade, a busca de uma vida bem vivida. Mesmo tendo pago com a própria vida, pela opção que fez em viver de forma ética e moralmente correta, ao aproximar-se da morte, o que ele não via assim, Sócrates estava

---

5. A lei de causa e efeito, ou do retorno, neste caso, é uma apropriação da lei de Newton, segundo a qual, toda a ação corresponde a uma ação contrária, com igual força. Na codificação kardequiana, porém, esta lei moral não aparece por esse nome (isso passaria a ocorrer nas obras de André Luiz), mas sim expressa nas leis morais, a décima, sob o nome lei de amor, justiça e caridade. **N.R.**

despreocupado e leve, pois sabia que, ao homem de bem, nada poderia acontecer.

O "sábio da antiguidade", modo com que os espíritos se referiram a Sócrates em resposta a Kardec, tratou de várias questões relacionadas com a alma. Dentre elas está a chamada roda dos nascimentos, expressão usada por ele para se referir à pluralidade das existências. Sócrates chegou a dizer, referindo-se aos espíritos, que eles estão aqui, vão para lá e voltam para acolá. Para o filósofo, a roda dos nascimentos, processo pelo qual o homem nasce e renasce, numa série de existências, só pode ser evitada, minimizada ou erradicada pela observância e prática do bem, ou seja, pela vida bem vivida.

Ainda de acordo com o grande pensador grego, o homem precisa libertar-se de tudo o que lhe prende ao chão, alusão feita ao apego material e às coisas do mundo, para que possa reduzir cada vez mais as necessidades de nascer de novo. Para o filósofo, as paixões, quando não são vistas e encaradas como forma de reconhecer-se a si mesmo, portanto, para identificar as inferioridades humanas e combatê-las, passam a desempenhar o papel de uma grande, maciça e pesada bola de concreto, que, prendendo o homem ao chão, portanto, à terra, simbolizando a matéria, evita que este possa alçar voo e ascender na sua caminhada de volta ao Criador.

A filosofia é a grande mola propulsora de todo processo de regresso da humanidade ao Pai Celestial, dentro dos aspectos disseminados pelo filósofo grego. Segundo Sócrates, só por meio da filosofia o homem é capaz de alcançar a perfeição. O filósofo, portanto, o amigo ou o amante da sabedoria, é o homem transformado e evoluído, pois a sabedoria, proveniente apenas de Deus, transforma esse homem em um ser dotado de um desejo incontrolável de amar o seu semelhante.

Dotado de sabedoria, o homem passa não somente a desejar o bem, como também a praticá-lo. O homem sábio, amante da única e verdadeira sabedoria e não da sabedoria humana ou terrena, mas da sabedoria emanada única e exclusivamente da Magnânima Inteligência Cósmica, conhece a verdadeira extensão de seus atos, tanto para o bem quanto para o mal, decidindo-se, conscientemente, à medida que evolui em sabedoria divina, por trilhar nos caminhos do bem, amando a Deus e ao próximo. Só o homem envolvido pela sabedoria divina pode conhecer os limites de seus atos e as consequências de suas escolhas.

A transformação do homem via filosofia é tão importante, que Sócrates fala que a descoberta e escalada do homem rumo à sabedoria, portanto, ao conhecimento, fará com que este possa deixar de praticar o mal. Na concepção socrática, a prática do bem pelo homem é resultado do seu conhecimento, que, segundo o grande filósofo, refere-se apenas a conhecer a real extensão dos atos e não de repetir o que lhes disseram que deveria ser feito, no que concerne à prática do bem.

Sendo assim, a verdadeira sabedoria, cuja fonte inesgotável é o Criador, concorre para tirar o homem do automatismo e pô-lo na direção de ações cada vez mais conscientes e em consonância com as leis do Pai Celestial. De acordo ainda com o pensamento socrático, *bem* e *conhecimento* são duas palavras que se completam e que não podem ser concebidas de forma distinta quando o assunto é prática do bem e bem viver.

Observando-se o instituto da família à luz da reencarnação, não será difícil compreender a bênção do reencontro que ela pode propiciar entre antigos desafetos, a fim de reconstruírem os vínculos de fraternidade. Sob o véu do esquecimento, estes poderão escrever uma nova história, passando a esponja do perdão por sobre as mágoas e ressentimentos.

Ah! Mas nem sempre a reconciliação vem na primeira tentativa, razão pela qual observamos a falta de amor e harmonia entre membros da mesma família! Eis aí mais evidências da reencarnação, explicando o porquê de se encontrarem, em muitas famílias, hostilidade entre irmãos, filhos que tentam contra os próprios pais. É que a causa remonta à vida anterior, na qual esses espíritos estiveram comprometidos.

Capítulo 7

Reencarnação e as ciências PSI

O HOMEM TEM PROCURADO várias explicações para as questões da vida. No entanto, todas são vagas e desprovidas de essência, pois suas bases estão apenas no presente e não no pretérito. A disseminação dessas questões, relacionadas com o estudo da reencarnação, apresenta-se de forma diversa, elevando o olhar humano além de vossas mentes, fazendo com que a humanidade possa vislumbrar aspectos do entendimento para as peculiaridades da convivência humana, as quais antes não se podia perceber com tanta solidez e racionalidade.

Há inúmeras constatações e relatos verídicos, inclusive de caráter científico, acerca da reencarnação. Mesmo assim, uma parcela da humanidade ainda se mantém no estágio de ignorância e incredulidade, lutando inutilmente contra essa onda que se agiganta e mostra-se, de forma natural, na sua mais bela e magnífica majestade. A reencarnação é como a aurora que enaltece e torna mais claro o novo dia. É ela que vem clarear a escuridão em que alguns povos se veem envolvidos, quando, olhando apenas para o hoje e encontrando um grande hiato, buscam explicações para a vida. Sem encontrar tais respostas, só fazem a convivência humana mais difícil, já que os homens, menos indulgentes e resignados, não veem no seu semelhante o irmão do pretérito, aguardando de nós o primeiro passo para a reconciliação e reajuste.

Além dos estudos relacionados com as crianças que se lembram de vidas passadas, elaborados e sustentados cientificamente por pesquisadores que percorreram o mundo na identificação de casos dessa natureza, há também as investigações acerca de adultos que, sob o efeito da hipnose, falam línguas que jamais poderiam falar. As pesquisas sobre esse fenômeno, denominado *xenoglossia*, mostraram que, em transe, esses indivíduos assumiam lembranças de personalidades por eles vividas em séculos passados. Algumas em países distintos ou no mesmo país. Em alguns casos, o hipnotizado, regredindo a um tempo distante, passava a falar a língua do país no dialeto arcaico. Essa descoberta acabou por despertar o interesse de muitos estudiosos para esse novo campo de pesquisa científica.

Os cientistas envolvidos nessa longa e consistente pesquisa procuram entender, usando todos os meios possíveis, como alguém, que não possui nenhum fator, o mais longínquo possível, para falar a língua de outro país ou mesmo uma língua antiga, apresenta desenvoltura para discursar em um idioma diferente do seu. Essas questões, *a priori*, mostrando-se estranhas, apontaram para a reencarnação. De acordo com os cientistas, de alguma forma, essas pessoas estudadas guardaram em seus campos de memória a lembrança de uma personalidade que, no presente, não correspondia à atual.

O caráter da imparcialidade dos pesquisadores é visto como um valor a mais para elucidar questões que algumas crenças atribuem à reencarnação. Como os cientistas precisam se desprender de todo e qualquer preconceito, evitando resultados inconsistentes, suas abordagens são, quase sempre, para comprovar ou não as ideias em questão. Eis a razão pela qual se encontra nesses estudos a expressão *personalidade*, para se referir às lembranças que afirmam pertencer, de acordo com o indivíduo estudado, à sua última reencarnação.

É importante mencionar que estudiosos das ciências *psi* catalogaram a mente em dois departamentos, chegando a defender a ideia da existência do consciente e do inconsciente, que também são tratados como mente de relação e mente de profundidade, respectivamente. Os estudiosos materialistas, ao se defrontarem com esses casos, apontam para qualquer direção, menos para a que de fato explica o fenômeno.

De acordo com Sigmund Freud, o inconsciente é parte da mente em que as experiências vividas nesta existência, ocasionalmente durante a infância, permanecem armazenadas. Essas experiências, em algumas situações registradas como traumas ou não, podem, de acordo com estudos materialistas, emergir do inconsciente e alcançar o consciente, trazendo à tona todo lamaçal de ordem psíquica que representam essas experiências.

De outro lado, aqueles que apresentam *cogito* mais avançado acerca do tema já se mostraram favoráveis à tese de que a mente de relação, comparada a um disco virgem, onde serão gravadas todas as experiências da existência presente, sofrerá incursões da mente de profundidade, que representa todo o patrimônio existencial do indivíduo em existências anteriores. Dessa forma, a razoabilidade na explicação dos casos de *xenoglossia* encontra alicerces apenas nas ideias emaranhadas na lei universal da reencarnação.

O papel desenvolvido pela ciência nesses últimos tempos tem sido importante para o processo de elucidação dos aspectos que giram em torno da reencarnação, o que, positivamente, tem contribuído para que os germens da sua aceitação junto àqueles que ainda precisam ver para crer, como no caso de Tomé, possam ser acolhidos em um terreno fértil, garantindo um futuro mais frutífero e de colheita agradável aos olhos de Deus.

Embora haja muitos cientistas materialistas que relutam em aceitar os princípios espíritas, as investigações conduzidas por eles não apenas corroboram o pensamento espírita como trazem à discussão questões inevitáveis, a exemplo da existência do corpo que convencionalmente eles chamaram de corpo bioplasmático ou energético e a memória extracerebral, todas estas questões tratadas e elencadas pela doutrina espírita, logicamente, com denominações diferentes.

Mesmo parecendo estar sozinho nessa bravata, o espiritismo anunciou e continua a anunciar questões deveras relevantes para a humanidade e a própria ciência, sendo que esta, paulatinamente, discute e dilata as mesmas questões reveladas por esta tão majestosa e esclarecedora doutrina. Assim, o que anuncia o espiritismo, corrobora e corporifica a ciência, cumprindo muito bem a doutrina de Allan Kardec seu papel de esclarecedora e consoladora dos homens.

Lembremos bem do *mito da caverna*, de Platão, onde um dos que estavam aprisionados às correntes consegue se libertar e vai para fora da caverna, e, chegando lá, percebe uma realidade totalmente diferente da que se apresenta a eles por meio de sombras. Hoje, com todas as revelações que o Pai Celestial faz à humanidade, por meio de alguns credos, doutrinas e filosofias, não é apenas um a mostrar a verdadeira realidade para os acorrentados na caverna, mas uma multidão.

Como bem disse Stevenson, o número daqueles que aceitam a reencarnação é maior do que o dos que não aceitam. Isso implica dizer que se torna cada vez maior o número daqueles que deram os primeiros passos para viver fora da escuridão da caverna, procurando trilhar caminhos iluminados, sob o ponto de vista racional e divino. Em breve, não haverá mais qualquer homem vivendo na escuridão da caverna, o que será um avanço a ser testemunhado e comprovado pela própria ciência, que, diga-se de passagem, está despertando para novos paradigmas.

A verdadeira religião é aquela que não estará em desacordo com a ciência, pois as leis de Deus são todas naturais, e a ciência é apenas uma lente que, usada de forma correta, possibilitará à humanidade o vislumbre de todo o esplendor das coisas do Pai. É a ciência e, em seu bojo, a ciência espírita, que conduzirá o homem a pensar e repensar as coisas do céu, criando um estreitamento natural entre todos os aspectos da vida, até que haja uma só concepção, uma só explicação, que será racional e naturalmente aceita por todos. Eis os propósitos do Criador. A espiritização conduzirá o homem a uma fé racional, *constructo* este que necessitará do apoio da ciência, que já está engatinhando nesse processo. Eis por que o espiritismo é a linha de chegada para todos, independentemente de crença, doutrina e filosofia.

Capítulo 8

Reencarnação e conhecimento

A DOUTRINA CODIFICADA PELO professor Rivail, pensador francês que passou à História sob o pseudônimo de Allan Kardec, traz à humanidade a certeza do cumprimento da promessa do Messias Redentor, que, antes de deixar a Terra, prometeu que mandaria o espírito Consolador, personificado e materializado no espiritismo. Consolador, porque, com seus ensinamentos, esclarece e conforta todos aqueles que estão enfrentando seus padecimentos.

No entanto, esse processo de evolução da humanidade só estará completo quando houver um entrelaçamento entre espiritismo e ciência, possibilitando em um simples olhar o vislumbre de um único corpo. E, longe do que alguns possam imaginar, não será o espiritismo a correr em direção à ciência, mas sim a ciência que rumará, de forma ascendente e cadenciada, ao encontro do espiritismo.

E esse processo de evolução da ciência será produto e ao mesmo tempo sujeito das transformações que a humanidade precisará enfrentar para alcançar a tão sonhada e desejada morada eterna. Dessa forma, então, alcançará, junto com o planeta, um patamar evolutivo que será primordial para o seu esplendor. O mundo deixará sua condição de provas e expiações e alcançará a condição de mundo feliz, cumprindo cada etapa do processo de transição para se chegar a essa categoria.

A bem da verdade, é lúcido dizer que o planeta não evoluirá sozinho. Sua evolução será acompanhada pela evolução de um contingente humano. Por conta do uso do livre-arbítrio, nem todos os homens estarão aptos, como o planeta, para ascender na escala evolutiva. Alguns não poderão provar dos sabores e das delícias divinas emanadas da evolução do orbe, tendo seus cursos retraçados e conduzidos a planos menos evoluídos do que a Terra. É a estes que a parábola do Cristo é dirigida, quando trata de choro e ranger de dentes e trevas exteriores.

Essa transição pela qual o planeta passa, porque já está em curso – estamos saindo da condição de mundo expiatório para mundo de regeneração –, depende também da conduta de cada um que aqui habita, que precisa cumprir seus estágios na carne. É preciso um planeta bem cuidado, sob o ponto de vista da sustentabilidade, pois as próximas gerações necessitarão, biologicamente falando, de acordo com o entendimento que temos para vida biológica, de condições propícias para cumprir as metas em suas reencarnações.

Então, mesmo que se pense que os espíritos mais evoluídos (com um perispírito mais sutil) não apresentarão as mesmas necessidades de outrora, no que tange às condições básicas para a subsistência, essa conquista levará ainda muitos séculos, do que resulta que devemos manter os cuidados devidos com as condições de subsistência do planeta Terra.

Todo esse processo de evolução pelo qual se deve passar depende de, exclusivamente, como lidamos com as incógnitas da vida. A evolução da humanidade e do orbe em que ela vive precisa obrigatoriamente passar pelo entendimento da reencarnação, pois o nosso desenvolvimento está associado à moralidade. Não há crescimento moral sem que o espírito entenda que é de ontem e não de hoje, pois o contrário acarreta ao homem uma condição de singularidade existencial. Não conhecendo e não crendo que sua existência física é múltipla, o homem renega a promessa do Cristo e se põe numa condição de incompatibilidade de recebimento das dádivas do Criador.

O homem foi criado e submetido às leis divinas, para que, entendendo-as, pudesse caminhar de volta ao Criador o quanto antes, vivendo em harmonia com as Suas leis e seus semelhantes. Para que a humanidade compreenda todo o processo de desenvolvimento que atinge a todos, indistintamente, é necessário entender que não há morte, que há apenas uma transição, que Deus aproveita para renovar mundos e pessoas, pois esse é o curso natural das coisas.

Conhecendo e entendendo a pluralidade das existências, o homem viverá o hoje para o amanhã, sempre mantendo um olhar no passado, condição necessária para entender as próprias quedas e as quedas de seus irmãos. Quando o homem entende que é de ontem e não de hoje, ele não se desespera diante das aflições, não perde a paciência nem a tranquilidade, pois sabe que não existe sofrimento eterno, que o que está enfrentando é apenas uma resultante do passado: sabe que, tão logo expie todo o mal feito no pretérito, ingressará numa vida nova.

Mas para isso é preciso que não blasfeme, para não se perder o mérito da prova e ter que recomeçar. Como bem se diz, é preciso bem sofrer, agindo com resignação e se colocando a serviço do Pai e de Suas dádivas regeneradoras. Além disso, quando se sabe que não se é de hoje e sim de ontem, cria-se uma porta aberta à indulgência para com o semelhante, entendendo que nossos desafetos são apenas temporários, pois, tão logo evoluamos, ao longo desta e de tantas outras existências, todo orgulho e egoísmo serão vencidos, e estaremos plenos em amor, perdão e misericórdia.

A convicção da prática do bem e da conduta pautada na moralidade está associada ao entendimento de questões como a da reencarnação. Quantos homens poderiam esquecer as falhas que seu próximo cometeu contra si sem que passasse pela porta da reencarnação, entendendo, assim, que este representa tão somente parte do passado que não foi bem redimido?

O que se vê hoje em termos de conduta humana é produto do pensamento de que, para salvar-se, o homem deve apenas não fazer o mal. No entanto, Deus põe, à frente de Seus filhos, os seus irmãos mais necessitados para suscitar a prática da caridade, do amor e do perdão. Não se pode esquecer que não basta apenas não fazer o mal, mas importa, sobretudo, fazer o bem, pois, como Jesus mesmo deixou claro em algumas parábolas, a caridade é a única senha para a salvação.

É verdade que há muitos de nossos irmãos que não praticam o mal e que praticam o bem unicamente dentro de seus círculos familiares e religiosos. Há que se dizer que Jesus não criou sectarismo ou cismas, não deixou eleito ou privilegiado. Ele veio lembrar à humanidade que todos os homens são filhos do mesmo Pai e, portanto, todos são irmãos. Jesus não disse "fora das igrejas ou religiões não há salvação"; ao contrário, ele pregou a congregação de todos ao redor da lei do amor. Em *O Evangelho segundo o Espiritismo*, Kardec reservou um capítulo para esse aspecto, demonstrando que, em vez de "fora da Igreja", mais consentâneo com a doutrina do Cristo é afirmar que "fora da caridade não há salvação".[6]

---

6. *O Evangelho segundo o Espiritismo*, Editora EME, Capivari, SP, 2009. Capítulo XV. **N.R.**

Para efetivar o ideal deixado como exemplo pelo Cristo Salvador é necessário passar pelo viés da reencarnação, pois, somente assim, se entenderá que toda a humanidade está indo para o mesmo destino, que o homem está caminhando ao lado de seu irmão, independentemente de quaisquer diferenças. É o entendimento da reencarnação que fará com que o homem possa, integral e efetivamente, cumprir os desígnios do Pai, entendendo sempre que não é de hoje, e sim de ontem, que seus irmãos mais desafortunados e necessitados precisam de seu apoio para se reerguer e que lhes são caros.

Conhecendo e entendendo a reencarnação, entende-se que ontem se esteve ali, que hoje se está aqui e a amanhã se estará acolá. Essa concepção defendida por Sócrates representa a pluralidade das existências, que, quando não compreendida e aceita, é como se construir uma casa na areia frouxa: tão logo o vento venha, a casa será destruída. Lembremos bem que o propósito de salvação do Criador é para toda a humanidade, não para alguns, mas para todos os homens, independentemente de credo, filosofia ou doutrina. Deus aguarda o regresso de todas as Suas criaturas e, para isso, inspira a caridade para que os mais adiantados ajudem os menos adiantados, pois, no futuro, todos estarão sentados à mesma mesa, para o banquete da vida.

É verdade que alguns chegarão mais cedo e outros mais tarde; no entanto, todos serão recebidos com todas as honras, como, já mencionado anteriormente, na parábola do filho pródigo, ocasião em que o orgulho e o egoísmo, causas de todo sofrimento e afastamento do homem em relação ao seu Criador, serão vencidos, e o filho, cansado de sofrer, abrirá as portas de seu coração ao amor.

Em sua obra *A morte de Sócrates*, Emily Wilson escreve que o filósofo da antiguidade, em discurso aos homens de Atenas, relata que, nem mesmo as diversas mortes que sofreria, seriam capazes de fazê-lo desistir de obedecer antes a Deus do que aos homens. De acordo com Wilson, o filósofo assim fala:

> Homens de Atenas, eu respeito vocês e eu amo vocês, mas vou obedecer antes a Deus do que a vocês, enquanto eu viver e respirar, nunca deixarei de fazer filosofia, nem mesmo se tivesse de morrer muitas vezes. (Wilson, Apud Platão, *Apologia* 29d, 2007, pág. 81)

Há nessa citação, mais uma vez, a posição de Sócrates acerca da pluralidade das existências, muito embora haja aqueles que, ao ler a citação referida acima, dirão que o significado da expressão "...nem mesmo se tivesse de morrer muitas vezes" não mantém uma ligação direta com a ideia da reencarnação. No entanto, tratando-se do sábio da antiguidade, como já foi explicada a razão dessa expressão, traz mais uma vez a reafirmação do conhecimento e da crença na ideia da reencarnação, principalmente por Sócrates.

A vivência do filósofo, pautada na ética e no bem viver, baseava-se, sobretudo, no entendimento que ele tinha acerca do assunto, pois a vida para ele não era a atual e material existência, mas a imortalidade, ou seja, uma vida que não cessaria com a decrepitude e falência do corpo físico, mas sim a vida do espírito, que apenas troca de vestimenta física quantas vezes for necessário, até que, um dia, não careça mais. A vida bem vivida é resultado do pensamento de que, quanto mais rápido se deixar de necessitar trocar de pele, de roupa ou de veículo orgânico, mais depressa se chegará ao momento mais elevado da vida.

Portanto, o bem viver, como diz Sócrates, depende desse entendimento, pois, sabendo-se que a vida não é esta, que se deve praticar o máximo de bem possível para que se possa libertar de

REENCARNAÇÃO – A JUSTIÇA DE DEUS | 71

todo o peso da carruagem que conduz o espírito ao enfrentamento das mais árduas provas, que assim conquistará uma morada feliz, como está compreendido na máxima do Cristo: *Na casa de meu Pai há muitas moradas.*

Todo o processo de emancipação e evolução da humanidade está calcado no conhecimento. Todas as reviravoltas que as sociedades deram ao longo do tempo histórico foram impulsionadas pelo conhecimento em determinado momento sob campos diversos da vida humana. Sem o conhecimento necessário, jamais se estaria no patamar que se está, o que faria com que as sociedades estivessem vivendo ainda de forma rudimentar.

Portanto, conhecer é fundamental para qualquer desenvolvimento e redenção. Imagina-se que, graças ao conhecimento no campo da medicina, a humanidade pôde balsamizar muitos males que antes causavam grandes padecimentos aos homens. Por meio do conhecimento das técnicas de engenharia e edificação, pôde-se ofertar maior conforto aos homens com a construção de habitações. Por meio do próprio desenvolvimento dos meios de comunicação e imprensa, hoje se pode contar com uma gama de informações escritas e faladas que tornam a vida em sociedade mais reflexiva.

Como vimos no capítulo anterior, o conhecimento, esse instrumento propulsor do progresso da sociedade humana, já propiciou à humanidade muitos progressos. Mas conhecimento é educação? J. Herculano Pires, em sua obra intitulada *Pedagogia espírita*, mostra o quão indispensável é o conhecimento do mundo e do próprio homem para seu desenvolvimento e elevação. Mas o conhecimento pode ir além, se a ele está associado o conhecimento das leis morais, a educação espírita.

> Mas o que é a educação espírita? É o processo de orientação das novas gerações de acordo com a visão nova que o es-

piritismo nos oferece da realidade. A realidade compreende o mundo e o homem. Para viver com proveito no mundo, o homem deve saber, antes de mais nada, o que ele próprio é e qual o seu destino. Para que o mundo não aturda o homem, é preciso que o homem saiba o que é o mundo. Nada disso pode ser conhecido sem o conhecimento dos princípios espíritas. (J. Herculano Pires, *Pedagogia espírita*, págs. 50 e 51, 2008)

Nessa citação, o autor possibilita-nos enxergar o papel que os princípios espíritas exercem na iluminação do homem, norteando os seus pensamentos, passos e ações. Em sua obra, Herculano revela a extrema necessidade que o homem tem de conhecer, pois essa é uma condição existencial para que este possa interagir e, nas palavras de Sócrates, viver bem.

O melhor aproveitamento que o homem terá de sua existência presente, que não é única, dependerá do conhecimento que este tiver da reencarnação, que é uma ideia substanciada pela doutrina espírita, que, não sendo religião, nos moldes de como se vê essa realidade no mundo, representa uma forma inteligível e racional de explicar o homem em si e o homem no mundo, como diz Herculano. Seu papel é indispensável à elevação do homem, para que este se torne novo, pois, por meio desse conhecimento, as questões relacionadas com a pluralidade das existências serão elucidadas. Assim, longe de ser mais uma religião, como as que se veem mundo afora, o espiritismo só pode ser considerado como tal no sentido de salvação, entendida pelo conhecimento que, transmitido ao homem, promove a sua transformação e redenção.

Além disso, é importante dizer que a ciência espírita é a grande educadora dos homens e de seus conhecimentos, e que seus objetivos são, tão somente, fazer parir, como bem fez Sócrates na antiguidade, o verdadeiro e redentor conhecimento. A isso, chama-se *maiêutica*, técnica utilizada pelo filósofo para destruir todo e qualquer preconceito e reconstruir um conhecimento sólido e vivaz, que, segundo Platão, está latente no próprio homem. Por meio das chamadas *reminiscências platônicas*, o homem acessa, em sua mente, toda a verdade, portanto, conhecimento, que jaz em si mesmo, adormecido, esperando apenas ser liberto do sono.

Ora, diante de tais ferramentas, a *maiêutica socrática* e as *reminiscências platônicas*, é possível assegurar que, se temos a verdade em nós, latente, guardada em nossa mente, e todo conhecimento só pode ser produzido por um conjunto de experiências, então estas só poderiam haver sido adquiridas em vidas anteriores. Do contrário, os ensinamentos dos filósofos anteriormente citados, bem como os resultados positivos de suas teorias, teriam caído por terra e não teriam resistido por séculos e séculos até alcançar o nosso tempo.

Quem já não se viu envolto nos emaranhados dessas teorias? Quem já não se descobriu possuidor de um conhecimento sem que pudesse explicar? Considerando muitas áreas do conhecimento humano, pode-se assegurar que os casos das crianças tratadas como prodigiosas são exemplos vivos da verdade contida nos postulados de Sócrates, Platão e outros, que, munidos de uma sabedoria, que, longe de ser humana, é divina, perpetraram conhecimentos considerados além do tempo.

Assim sendo, não se pode abster-se das ideias que, traçadas e engendradas desde tempos longínquos, explicam de forma coerente e consistente o que se entenderia como anormalidade ou mesmo privilégio de alguns homens. Não seria justo aceitar, sob o ponto de vista da unicidade das existências, o fato de pessoas nascerem com talentos, que faltam na maioria dos seus semelhantes. Seria, além de injusto, uma incoerência por parte do Criador, ofertando dádivas e privilégios a uns, enquanto outros ficam anos a fio provando dissabores, dificuldades e fracassos, tentando aprender um ofício.

Seguindo a mesma linha de raciocínio, não há outra justificativa para explicar as tais crianças-prodígio senão utilizando a chave e a lógica expressas na lei das vidas sucessivas. Fora disso, qualquer pensamento ou explicação acerca das diferenças existentes no mundo daria ao homem a concepção de um Deus que privilegia e exclui, o que seria uma incoerência e uma injustiça.

Voltando à maiêutica socrática, admitimos que nenhum homem nasce sem que saiba alguma coisa, pois o nada seria a ausência completa e irrestrita de uma determinada capacidade de lidar com algo de alguma natureza. Sabendo que todo homem nasce sabendo, e isso nós podemos entender no simples ato de observar uma criança, em sua mais tenra idade, aplicando seu mais descontraído tempo em uma construção lúdica.

Olhando para uma criança em estado de lazer, momento este em que ela desenvolve algumas brincadeiras, que podem ter sido observadas em outros círculos infantis ou não, podemos constatar que já trazemos conhecimento e experiências em nós, atributos que, a bem da razão, da lógica e da coerência, só poderíamos ter conquistado em vidas anteriores.

É bem verdade, e Piaget assevera isso, a criança aprende também por repetição; no entanto, há brincadeiras cujas causas ou motores parecem pairar em universos explicativos localizados fora dessa realidade. Por exemplo, uma criança que organiza, lidera e manipula em seu grupo a brincadeira de médico e, nesse universo lúdico, demonstra de forma exímia o conhecimento de algumas técnicas que pertencem verdadeiramente ao ofício da medicina, remete o observador às conclusões de que determinada brincadeira representa uma real representação da vida da criança.

Mas, tratando-se a criança de elemento pertencente a uma prole desprovida de recursos e sem qualquer histórico de carreira e conhecimentos médicos em sua genealogia, o que dizer disso? É racional e coerente o uso da razão para esse fato. Essa predisposição, como alguns poderiam sugerir, não seria uma dádiva de Deus, pois Ele jamais poderia dar a alguns a predisposição ou mesmo a vocação para o ofício médico. Com isso, a única possibilidade plausível para explicar realidades assim liga-se inevitavelmente à reencarnação.

Capítulo 9

Freud e Jung

É ESSA A LINHA de razoabilidade, apoiada à lei da reencarnação, que sustenta o entendimento de todas as coisas em que as explicações do vulgo não encontram consistência e amparo das luzes da revolução do pensamento moderno, científico e filosófico. Não há como negar a chave que a reencarnação representa, pois, sem ela, muitas das portas para o entendimento das coisas permaneceriam fechadas. Muitos tentaram, muitos falharam. Desde os tempos mais remotos até os dias de hoje, todos aqueles que pautaram seus estudos, seus postulados e teorias nos pilares do materialismo sucumbiram diante da barreira do tempo e dos fatos.

Sigmund Freud, um gênio à frente de seu tempo, que construiu uma teoria para explicação das neuroses, psicoses, esquizofrenias e outras moléstias, teve os resultados de seus trabalhos, sob o ponto de vista clínico, aclamados e evidenciados. No entanto, o avanço de suas teorias não ultrapassou as barreiras do materialismo, pois todo o seu postulado se assentou na unicidade das existências. Além disso, as suas teorias acerca da sexualidade infantil concentraram-se na sua expressão periférica, genital. Dessa forma, o pai da psicanálise limitou essas energias no campo erótico.

André Luiz, em *Ação e reação*, refere que, apesar de sua grande contribuição para os estudos, Freud foi incompleto, pois precisaria ter assentado suas construções em bases mais sólidas e transcendentais. Isso significa que o psicanalista poderia ter ido muito mais além de seu tempo se tivesse usado a senha da reencarnação para adentrar uma área que ainda hoje muitos grupos relutam em aceitar: as reminiscências humanas, as informações guardadas na memória espiritual do ser.

As teorias da sexualidade engendradas por Freud acompanham, até certo ponto, os conhecimentos difundidos pela ciência espírita, quando o assunto é o mau uso das energias ligadas ao sexo. Neste aspecto, seu trabalho foi de grande valia para a humanidade, pois a utilização das energias sexuais, geradoras e divinas na sua essência, com vistas apenas ao prazer carnal, da forma mais ignóbil possível, por meio do erotismo, promove sério desajuste nas estruturas psíquicas do homem.

Entretanto, essa força que, diga-se de passagem, é de grande potencial, pode e deve, segundo o espírito André Luiz, por meio da psicografia de Chico Xavier, na obra já citada anteriormente, ser usada no campo das artes, das ciências, das indústrias, entre outros. Assim, o prazer não estaria apenas no campo erótico, mas em toda e qualquer ação que beneficie o mundo e a humanidade, gerando um desenvolvimento das relações entre o homem e Deus e entre o homem e seus semelhantes.

Este ponto, talvez, é o que difere Freud de Jung. Esses brilhantes estudiosos da *psique* humana se contrapõem em um aspecto da energia libidinal, como bem assevera Garcia-Roza:

> O termo *libido* designa uma energia postulada por Freud como substrato da pulsão sexual. Apesar de o termo ter sido empregado mais no seu registro quantitativo, Freud lhe atri-

REENCARNAÇÃO – A JUSTIÇA DE DEUS | 79

bui um caráter qualitativo bem marcado. A libido é essencialmente de natureza sexual, sendo irredutível a outras formas de energia mental não especificadas. Este é, inclusive, o principal ponto de discordância entre Freud e Jung, na medida em que este último via na libido uma energia psíquica indiferenciada em sua origem e que poderia ser sexualizada ou dessexualizada e que coincidia com a noção de energia mental em geral. Para Freud, essa redução era supérflua e, além de não trazer nenhum benefício teórico, obscurecia o conceito por ele produzido. (Luiz Alfredo Garcia-Roza, *Freud e o inconsciente*, págs. 108-109, 2011)

Na citação acima, podemos ver, claramente, a simples, porém grande diferença que patenteia os trabalhos dos dois nobres e renomados médicos. Atentando para o que discorre cada um sobre a libido, percebe-se que a relação das energias ditas do sexo se aproximam mais do caminho reencarnacionista em Jung do que em Freud. Por meio de uma simples abordagem da libido, é possível fazer essa reflexão: em Freud essa energia era de caráter estritamente sexual, enquanto em Jung ela é de caráter não sexual, porém podendo ser sexualizada e dessexualizada.

Percebe-se aí que os experimentos de Freud o levaram por uma via estritamente materialista e uniexistencial, o que nos faz perceber que ele se afastou, por questões diversas, do caminho reencarnacionista. No entanto, temos mais uma vez que reafirmar a grande importância dos trabalhos e descobertas desse homem de gênio, para toda a humanidade, ressaltando nele o grande divisor de águas que representou para o estudo da *psique* humana, para a medicina e para a própria ciência.

Dessa forma, é indispensável dizer por que a reencarnação é extremamente necessária quando o assunto é desenvolvimento da humanidade. Não há teoria que consiga ir além do materialismo, sem que trilhe seus passos pela pluralidade das existências.

A própria ciência evoluiu o bastante para vislumbrar outras realidades e conceitos, a exemplo da trajetória que vem traçando, desde os mais longínquos tempos da era científica até os dias de hoje.

Capítulo 10

A era do espírito

TODOS OS ESFORÇOS DA ciência atendem a uma demanda da humanidade, no que se refere às respostas para todos os problemas e incompreensões da vida humana. Foi esse curso que determinou os caminhos trilhados pela ciência, através do direcionamento de todas as suas áreas. Não importa sobre que campo estejamos falando, o fato é que não há mais lucidez e razoabilidade em sustentar dogmas e modelos arcaicos que um dia serviram, apenas, para legitimar o poder de alguns grupos que não suportavam a ideia de serem substituídos.

Nesse aspecto, o próprio progresso, que muitas vezes sofreu infindáveis tentativas de atraso, por parte daqueles que se opunham a ele, atuou como um rio que, ao ter seu curso barrado, procurou as brechas deixadas pelos obstáculos. A própria evolução dos tempos, aliada do progresso humano, tratou de ensejar as condições para que o novo assumisse o lugar do velho e obsoleto modelo de ciência e sociedade. Essa mudança representou um ganho extraordinário e imensurável para os homens que sonhavam com novos tempos.

Tudo mudou desde que a própria essência do materialismo, a

matéria, teve seu conceito metamorfoseado. Kant disse ao mundo que, olhando para uma cortina, não se pode dizer que atrás dela há algo nem tampouco que atrás dela não há algo. Alguns homens intrépidos, com espírito investigativo, foram até a cortina e a levantaram, e, para a surpresa de todos, atrás da cortina havia algo. Foi justamente esse algo que motivou outras tantas investigações em vários campos científicos. *A própria física, ditadora das ciências, dá um salto gigantesco ao descobrir a antimatéria, o que foi possibilitado pela mudança de conceito da matéria, que passou a ser concebida como uma simples condensação de energia* (Herculano, 2008).

Ainda segundo este filósofo, escritor e jornalista ("o metro que melhor mediu Kardec", segundo Emmanuel), *além desse salto no campo das ciências físicas, outro avanço acontece na área da parapsicologia, que, ao atestar a existência do extrafísico no próprio homem, comprova, cientificamente, a sobrevivência após a morte.* São essas e outras conquistas que desarmonizam o pensamento ultrapassado.

Calcado na razão e experimentação, como nos tempos de surgimento do iluminismo, o novo conhecimento rompe com o velho e arcaico pensamento, que, calcado em superstições e no sobrenatural, tem seus galhos podados pela lâmina do novo. A própria ideia do sobrenatural, como já adiantado acima, sofreu o peso e a pressão de uma nova concepção de natureza, nos moldes de um novo olhar, como assevera Herculano em *Pedagogia espírita*:

> Não há sobrenatural: a natureza continua em outras dimensões, que já estão sendo incorporadas ao conhecimento racional e sujeita à pesquisa científica. (J. Herculano Pires, *Pedagogia espírita*, pág. 75, 2008)

É essa nova concepção de mundo que exige dos homens um pensamento renovado no que tange à concepção das coisas do homem e do mundo. Não estamos mais vivendo em um tempo em que todas as explicações apresentavam um caráter sobrenatural, minando o *cogito*[7] humano de suas expansões e dilatações. O tempo, em que vivemos, representa o novíssimo tempo, marcado não mais apenas pelo materialismo, mesmo na sua condição dialética, mas marcado também por uma transcendência singular e plural, considerando o homem como foco central das mudanças e para as mudanças.

De acordo com Augusto Comte, a evolução humana acontece em três estados ou fases distintas: o estado teológico, o estado metafísico e o estado positivo. Isso implica dizer que essas três fases, considerando os caracteres gerais de cada uma, já foram ultrapassadas, pois o atual estágio é superior ao estado que veio logo em seguida ao positivo. O estado psicológico, que segue ao positivo, caracterizado por novas concepções e investigações no campo psicológico, superou todas as expectativas e evoluiu para um novo estado, que, coincidentemente, é o quinto estado, que se convencionou chamar de estado quintessenciado ou do espírito. Vejamos o que diz Herculano acerca do assunto:

> Estamos hoje, inegavelmente, na era do espírito. Já passamos além do estado psicológico, que era apenas o vestíbulo de uma fase decisiva da evolução humana. Estamos no estado espírita. Em apenas alguns anos, de 1930 a 1970, demos um gigantesco salto qualitativo – da psicologia animista, reduzida às investigações do comportamento humano, à parapsicologia, que rapidamente avançou na demonstração da realidade do espírito, a partir dos fenômenos rudimentares de clarividência e telepatia até a pesquisa e comprovação das comunicações de espíritos (fenômenos *theta*) e da reencarnação (memória extracerebral). (J. Herculano Pires, *Pedagogia espírita*, pág. 93, 2008).

---

7. Termo vem da expressão *Cogito, ergo sum*, de autoria do filósofo e matemático francês René Descartes (1596 - 1650). Em geral, e traduzida para o português como "penso, logo existo". No original francês, porém, em *Discurso sobre o método*, Descartes escreveu: *Je pense, donc je suis*, cuja tradução seria: "penso, portanto sou". **N.R.**

Inegavelmente estamos na era do espírito, o que para alguns, sobretudo àqueles que têm os olhos cobertos pela venda da ignorância e escuridão, que não ultrapassaram as barreiras do medievalismo cultural e científico, pode parecer uma heresia da mais torpe possível. No entanto, as luzes da Novíssima Era romperão a escuridão em que jaz parte considerável da humanidade, libertando todos e cada um dos grilhões dos dogmas insustentáveis e irracionais. Nenhum homem ficará de fora. Todos tomarão parte de sua herança, sobretudo, os que foram para o Pai, filhos pródigos. Cada homem deleitar-se-á na fonte que está sendo erguida e sustentada, para que todo sequioso tome parte ao lado do poço e, como bem disse o Mestre, tome de uma água viva, cuja fonte jorra em abundância.

Não há transformações bruscas nem repentinas que sobrevivam ao tempo. Todos os fatos históricos e geológicos, os de caráter social e político, os de cunho religioso e humano, levaram um tempo para que os germens de suas mudanças apresentassem os primeiros brotos e se desenvolvessem, na sequência. No entanto, durante o crescimento, todos enfrentaram adversidades e animosidades, todas ao sabor da resistência do homem e do tempo. Contudo, a mudança, silenciosa e lenta aos olhos e ouvidos do vulgo, reveste-se de um arcabouço e carapaça enrijecidos, para que, ao longo de seu desenvolvimento, possa superar todas as admoestações.

O nascimento da era do espírito está circunscrito no tempo de Deus, que, ao longo de períodos e períodos de transformações em todas as facetas humanas, preparou o mundo e seus habitantes para algo novo, que não poderia aparecer de maneira abrupta. Como bem está escrito no livro de Eclesiastes, "Cada coisa tem seu tempo". Deus fez tempo para tudo, e o que está acontecendo agora se trata de mais um avanço da humanidade, em compreensão e conhecimento, para que os propósitos do Criador sejam alcançados no tempo devido.

O que nos parece ruptura completa, tratando a fase anterior como desnecessária, representa, na verdade, uma evolução sistemática e processual do que devemos conhecer e compreender para que, assim, possamos adorar, ou seja, regressar ao Criador, que nos aguarda com seus braços paternais abertos. O conhecimento da reencarnação é de suma importância para que esperadas transformações encontrem um ventre para embrionar as sementes lançadas ao longo do caminho, como na parábola do semeador que saiu a semear.

A crença na reencarnação possibilita entender que os processos ocorrerão não somente nesta existência, mas, sobretudo nas próximas, tendo sido encetados já nas anteriores. Simboliza a paciência e a resignação que devemos ter para que todos os propósitos divinos possam substanciar-se em nossas existências. Como lei, a reencarnação deve ser aceita por toda a humanidade, numa condição inalienável para o seu desenvolvimento intelectual e moral. Sob esse prisma, as coisas não têm seu começo nesta existência, como também não têm seu fim.

Para alguns cientistas, a reencarnação é como o corredor que levará o conhecimento às mais diversas portas que darão acesso aos mais distintos *cogitos*, sem o qual seria impossível o entendimento das coisas e do mundo. Eis por que ciência e espiritismo devem andar de mãos dadas, visando o progresso da humanidade. Sem esse acesso, toda tentativa de compreensão para as coisas do homem e do mundo estaria incompleta, pois seria como montar um grande quebra-cabeças sem que as principais peças estivessem disponíveis.

Para a religião, a reencarnação representa ainda mais, pois a verdadeira e essencial adoração está assentada sobre este pilar.

Sem ela, seria como pegar o caminho mais extenso, tornando a caminhada igualmente longa e, assim, atrasando a sua chegada. O filho que deseja regressar ao Pai, mas não aceita que o caminho passe pela porta da reencarnação, será semelhante ao filho pródigo, que se desviou do seu caminho e, padecendo o que não precisava e devia padecer, reconhece que o caminho é outro, decidindo regressar o mais breve possível, para que os dissabores experimentados pelas escolhas equivocadas fossem substituídos pelas alegrias de uma vida nova. Para o homem, em particular, o conhecimento e aceitação da reencarnação representam a sua própria libertação e redenção; simbolizam o desprendimento de todos os preconceitos construídos ao longo de uma vida, que lhes foram passados e vendidos como verdades incontestáveis.

Assim, façamos algumas interrogações: como ser indulgente e esquecer as falhas que alguém comete contra nós, sem que entendamos e aceitemos que o estágio em que nosso irmão vive hoje pode já ter sido vivido por nós? Como aceitar que a prova pela qual passamos, longe de ser injustiça de Deus, representa tão somente o exercício da lei de causa e efeito, decorrente de atos desta e de outras encarnações? Como enxergar todos os homens como irmãos, sem julgamentos e condenações, alienando-se da verdade sólida que representa a lei universal da reencarnação?

Qualquer forma de apreensão da vida, de si próprio, de seus semelhantes e, principalmente de Deus, precisa circunscrever-se na questão da reencarnação. O homem sem o conhecimento dessa lei acaba por causar sectarismo, colocando-se na condição de privilegiado e empurrando outros para a condição de excluídos. Portanto, aceitar a pluralidade das existências representa aceitar que fomos, somos e seremos protagonistas do próprio destino e, por isso, passaremos a pautar nossas ações no entendimento das coisas de Deus e dos homens à luz dessa grande e divina lei.

Engana-se quem pensa a vida como única, começando no berço e terminando no túmulo. Ao contrário, olhando-a sob o prisma da reencarnação, vê que a todos os espíritos o Pai concede as mesmas oportunidades, pois, no mundo inteligível, referência encontrada nas obras de Platão, o espírito arrependido dá um passo a mais para o entendimento das coisas da vida e das leis do Criador.

Imaginemos que somos dezenas de bilhões de irmãos aguardando a reentrada no orbe terrestre, com vistas a sanar os débitos do passado. Quando, por incredulidade ou mesmo por nos apegarmos às falsas ideias ou doutrinas, deixamos de lado tudo que planejamos antes da nossa reentrada no planeta, acabamos desperdiçando uma grande oportunidade de evoluir junto com ele. A conduta errada ou equivocada no presente nos afasta cada vez mais da posição que deveríamos estar, acompanhando o progresso da Terra.

Imaginemos o seguinte: estamos necessitando fazer um pagamento e sabemos que há muitos outros irmãos para realizar igual tarefa. Ao invés de chegar cedo e guardar nosso lugar, deixamos para depois o que precisamos fazer com urgência. Ao relegar essa tarefa a segundo plano, chegamos tarde no lugar onde deveríamos estar o quanto antes e, por isso, acabamos ficando em uma posição retardatária na fila. Assim, o horário de parada do sistema chega, e a fila encerra, impedindo que paguemos nossa conta. Eis o que sucederá àqueles que não aproveitam as oportunidades da reencarnação. Eles poderão não alcançar o tempo para o fim de uma etapa no planeta, perdendo as oportunidades de evoluir. Por sua vez, a Terra, evoluída, abrigará apenas os que conseguiram a mesma evolução. Os demais terão, por destino, planos mais atrasados do que a Terra, onde, segundo vaticinou Jesus, haverá choro e ranger de dentes.

Portanto, é imperativo e urgente que aproveitemos o quanto antes as oportunidades de progresso, fazendo, não do amanhã, mas sim do hoje uma possibilidade ímpar para o nosso adiantamento moral e intelectual. Se deixarmos a mudança para amanhã, estaremos atrasando nossa evolução. E não sabemos, diante de um número elevado de irmãos que estão aguardando a sua vez, se haverá tantas oportunidades assim. De modo que não se deve desperdiçar a chance recebida, tampouco acomodar-se ao vaivém das reencarnações, sem um aproveitamento útil, porque, neste caso, seríamos como porcos aos quais se atiram pérolas. Nesse sentido, falava Sócrates sobre a importância de se evitar a roda dos nascimentos, o que Herculano Pires denominou como o círculo vicioso da reencarnação.

Capítulo 11

Reencarnação e educação

ESTAMOS NO TEMPO ASSINALADO como o tempo das mudanças. É o tempo em que um homem novo será formado. Todo conhecimento da história humana foi responsável por outro que se seguiu, o qual, representando um maior adiantamento, aprimorou ou suplantou uma ideia vigente. Herculano Pires, filósofo e jornalista já citado, afirma que a *construção desse novo homem está submetida a um processo educacional, que, ligado a um conjunto de saberes e ideias de determinada época, remodela os caracteres e a essência desse homem novo, criando, assim, uma interconectividade entre homem e tempo.*

Vejamos o que nos escreve o autor acerca do exposto acima:

> A tarefa da educação espírita é a formação de um homem novo. A educação clássica greco-romana formou o cidadão, o homem vinculado à cidade e suas leis, servidor do império; a educação medieval formou o cristão, o homem submisso a Cristo e sujeito à Igreja, à autoridade desta e aos regulamentos eclesiásticos; a educação renascentista formou o gentil-homem, sujeito às etiquetas e normas sociais, apegado à cultura mundana; a educação moderna formou o homem esclarecido, amante das ciências e das artes, cético em matéria religiosa, vagamente deísta em fase de transição para o materialismo; a

educação nova formou o homem psicológico do nosso tempo, ansioso por se libertar das angústias e traumas psíquicos do passado, substituindo o confessionário pelo consultório psiquiátrico e psicanalítico, reduzindo a religião a mera convenção pragmática. (J. Herculano Pires, *Pedagogia espírita*, págs. 105 e 106, 2008)

Após todas essas transformações, eis que surge o tempo em que o homem, mais uma vez, metamorfoseia-se, deixando de ser o homem psicológico e passando à condição de homem espiritual. É este o homem formado a partir do desenvolvimento da ciência espírita. O homem espiritual é o homem que caracteriza a era espírita, é o homem ligado e focado no desenvolvimento das faculdades inerentes ao mundo espiritual, soterrando ou aprimorando, paulatinamente, os caracteres que herdou das fases anteriores do seu desenvolvimento. Esse novo homem ressurge à luz de novos conceitos e correlações que caracterizam uma etapa considerada novíssima, em sua jornada ao pleno desenvolvimento das faculdades intelectuais e morais.

Assim, o novo homem, o homem espiritual, traz em si a ideia de Deus como a Grande Inteligência Cósmica e a reencarnação como o meio pelo qual todas as coisas se encaixam e encontram razão. Esse homem espiritual é dotado de conhecimento prévio para o entendimento das revelações que vêm permeando, desde as primeiras eras, o plano das ideias mentais da humanidade. Esse novo ser, forjado na espiritualidade, entende que a lei universal da reencarnação é a ponte que une os dois mundos, o espiritual e sutil ao mundo material grosseiro. *Ele se percebe como um anel, a constituir uma cadeia, apresentando cada um a sua individualidade* (Léon Denis).

O homem da nova era é o único a perceber e entender a fecundação do mundo inferior pelo mundo superior, como bem assevera Léon Denis em sua obra *O grande enigma*. O homem espiritual é capaz de entrever esse paralelismo que há entre os dois mundos, entre realidades paralelas, e a importância que cada um exerce no outro. Sem o plano terreno grosseiro, seria impossível o cumprimento dos processos expiatórios que se consolidam pela reencarnação.

Da mesma forma, sem as intuições e orientações emanadas do plano original, as romagens da humanidade ficariam comprometidas, o que faria com que toda a organização planejada, arquitetada e engenhada por Deus deixasse de existir. Essa compreensão é extremamente relevante para a construção contínua do homem espiritual, que a usaria, por sua vez, para seu próprio avanço e progresso na senda evolutiva.

Quando falamos de homem espiritual, deixamos claro que estamos nos referindo a uma condição evolutiva de pensamento, conhecimento e ação, não a uma condição existencial. De tal modo que nenhum avanço se faz sem que esteja inscrito na eternidade ou na sucessão de existências. Se olharmos hoje para o desenvolvimento da humanidade, perceberemos que alguns homens trazem em si, desde cedo, um interesse nato em relação a determinada área do conhecimento e, que, a uma fase conquistada, sempre sucederá uma nova, e assim por diante.

Isso implica dizer que seria injusto, digamos assim, se um determinado homem plantasse as sementes de um conhecimento, para que apenas os outros, e não ele também, provassem dos sabores desse progresso. Que satisfação teriam Freud, Darwin, Kardec, Sócrates, Piaget e tantos outros gênios que plantaram e ou cultivaram as sementes do progresso se eles próprios ficassem privados dos frutos desse conhecimento? Seria justo para todos aqueles que criaram teses, fórmulas e curas, tudo em nome do progresso da Terra, que estes nada usufruíssem dessas obras, nem mesmo para uma contemplação sequer? A lei universal da reencarnação, no mínimo, possibilita pensar que aqueles que ajudaram a plantar e regar a semente do progresso possam, mais cedo ou mais tarde, de uma forma ou de outra, usufruir do que construíram e mesmo aprimorar a obra.

Nenhum dos homens acima citados e tantos outros que assumiram ainda no plano espiritual a árdua missão de alavancar o progresso da humanidade tiveram apenas uma existência. Quanto tempo levou Einstein para formular a teoria geral da relatividade? Quanto tempo levou Freud para construir as bases de sua teoria da sexualidade? Por quanto tempo Kardec se preparou para merecer a magnânima e excelsa missão de codificador da doutrina espírita? Certamente, nenhum deles conquistou a posição propulsora do desenvolvimento nas suas respectivas áreas de atuação em apenas uma existência.

Na obra intitulada *A interpretação dos sonhos*, Sigmund Freud, por meio da análise dos sonhos de indivíduos diversos, constatou que a memória é capaz de guardar uma grande gama de informações, que, aprisionadas no inconsciente, são lançadas no consciente humano. De acordo com o estudioso, *o sonho representa a manifestação psíquica inconsciente por excelência* (Freud). Tânia Rivera, estudiosa dessa obra, destaca-lhe um trecho:

> Em contrapartida, o sonho é o guardião do sono, ele tenta impedir o despertar. Por isso ele incorpora estímulos externos, como a campainha de um despertador, por exemplo, a seu conteúdo onírico, tornando-os um elemento de sua narrativa (o dobrar de sinos ou a buzina de carros, digamos). (Sigmund Freud, *A interpretação dos sonhos*, 2012)

Eis um raciocínio para o homem espiritual ou mesmo para os que se candidatam a essa posição, apresentando-se nas lides do desejo de mudança e conversão intelectual e moral: Por que o organismo elaboraria estratégias capazes de mantê-lo em sono profundo, chegando até mesmo a ludibriar a si mesmo, por meio de elaborações psíquicas que transformam estímulos externos em elementos do próprio sonho? Em outras palavras, por que nós mesmos evitaríamos o próprio despertar?

Como já é um fato e sua aceitação alcança a todos, indistintamente, somos espírito e, como tal, somos a parte pensante de nós mesmos. Somos dois e ao mesmo tempo somos apenas um, quando se trata de pensamento. Dessa forma, somos o espírito revestido de um corpo físico. Grosso modo, nós não somos o corpo e sim o espírito. O corpo físico é apenas o envoltório do espírito para que este possa externar e viver suas emoções sutis na forma grosseira, sendo o sutil, não o elevado ou evoluído, mas o que é inerente ao espírito, tratando-se de substância. Se o corpo, o envoltório carnal, precisa manter-se em estado de sono, é devido ao fato de que há uma necessidade do espírito, que, longe de seu envoltório carnal, precisa que este não o chame de volta, biologicamente falando.

Quando o espírito se afasta do corpo durante o sono, fato já comprovado por várias teorias e correntes, ele permanece ligado a este por meio de um tênue fio, que o mantém ligado, por sua vez, a todas as emoções sentidas por meio do corpo físico. Dessa forma, o espírito sai de seu envoltório e vai viver, vai se juntar aos afins, para realizar feitos inerentes à sua constituição psíquica e emocional. Assim, podemos asseverar que o espírito tem uma vida fora do corpo material grosseiro, e, se o espírito vive fora do corpo, durante o sono ou nos momentos de simples relaxamento, ele vive independentemente do corpo físico, implicando dizer que ele vive antes do seu nascimento físico e também depois de sua morte física.

Percebe-se então que, mesmo em uma teoria, a freudiana, que explica os sonhos e as razões para o sonho, encontramos alicerce para a lei universal da reencarnação, pois, ao sair do corpo físico durante o sono, o espírito apresenta uma ação, um movimento. Ele não é levado, ele sai do corpo físico. Ele deixa esse envoltório carnal para *experienciar* ou reviver situações diversas. Isso implica que ele possui um domínio ativo sobre seu veículo orgânico, pois, apesar de estar distante, permanece ligado a este e, o mais importante, tem domínio sobre suas emoções e sensações.

Também este fato nos conduz ao mais importante: ao deixar o corpo físico, o espírito, que é a substância, o que pensa e age, vai, durante o sono, dialogar, discutir, unir-se em oração, visitar os familiares físicos e espirituais, perseguir ou ser perseguido, fazer o bem ou o mal. Toda a ação do espírito enquanto fora do seu envoltório carnal, durante o sono ou durante um breve relaxamento do corpo, está ligada ao seu desenvolvimento intelectual e moral. Quanto mais evoluído moralmente e intelectualmente, mais sublime e etérea serão suas ações. Dessa feita, há uma vivência do espírito enquanto está fora de sua carruagem orgânica, existe uma construção que é sequência da ação que mantém, enquanto age por meio do corpo físico.

Assim, tenhamos certeza de que há vida, antes e depois da morte; por conseguinte, há várias existências intercaladas entre o viver e o renascer. Como bem disse Sócrates, se a vida deriva da morte e se há vida na morte, há vida antes da morte. Logo, nascer e morrer não representam começo e fim, mas processos de entrada e saída de várias existências.

Capítulo 12

Reencarnação e a lei de progresso

Toda a construção e entendimento da lei universal da reencarnação estão propostos e se desenrolam à medida do progresso conquistado pela humanidade e em particular pelo homem. A compreensão para essas questões vem ao longo do tempo e tão logo o homem deseje um futuro melhor para si e para a própria humanidade. Assim, não será errado concluir que nem todos os homens apresentam as mesmas condições de entendimento. Por isso mesmo, o Mestre, ao final das suas parábolas, arrematava: *Quem tem ouvidos de ouvir, ouça.*

No entanto, após a vinda do Consolador, que é a doutrina espírita, essas condições de entendimento, à medida do desejo e aceitação de cada um, foram se dilatando e ganhando novos contornos. Todavia, como há homens de coração duro e mente fechada para o progresso e para as promessas do Cristo, é perfeitamente compreensível que alguns se elevem enquanto outros permaneçam em estágios de incompreensão. Não obstante, esse estágio de incompreensão em que muitos vivem não é permanente; pelo contrário, é passageiro e, com o decorrer de múltiplas existências, estas lhe darão possibilidade de ingressar numa fase de compreensão lógica e racional para esses fatos.

O entendimento dos mistérios da vida é uma condição que o próprio homem criou no seu passado para seu presente e cria no seu presente para seu futuro. Dessa forma, devemos entender que a distância que ele mantém em relação ao progresso e do entendimento das leis divinas e das coisas de Deus não é uma condição imposta pelo Criador ou determinada ao acaso. O homem, desde o momento de sua reentrada no mundo físico grosseiro, é produto de suas últimas existências, tendo que, muitas vezes, guardar em áreas inacessíveis a ele, na existência presente, todo o conhecimento adquirido nas existências anteriores, por questões diversas.

Assim, o grande conjunto das leis divinas e naturais, que são autorreguláveis, age no homem, conservando latentes seus conhecimentos e possibilitando, a este, as condições estabelecidas antes de sua reentrada na escola terrena, condicionando uma existência voltada para uma finalidade específica, sem que seja necessário acessar todo o patrimônio intelectual adquirido em existências anteriores.

No entanto, precisamos agir de forma a acompanhar o progresso da humanidade, para que, assim, sejamos como os espécimes que sobrevivem à seleção natural, como bem assevera Darwin na sua brilhante teoria acerca da origem e evolução das espécies. Devemos avançar, buscando posições mais elevadas, transformando o que é grosseiro em sutil, o que é rasteiro em elevado, o que é pesado em leve. Tratemos de evoluir o quanto antes, pois, "a fila anda". E aqueles que nela entrarem tardiamente, atrasarão seu progresso individual e o celestial banquete que o Pai nos preparou. O planeta evoluído só comportará aqueles que, na mesma marcha, evoluírem com ele, criando condições de alinhamento e afinidade com o próprio globo. Léon Denis, grande apóstolo do espiritismo, assinala o que a lei do progresso exige de nós:

> Pode-se observar em torno de nós essa lei majestosa do progresso por meio de todo o lento trabalho da natureza; desde as formas inferiores, desde os infinitamente pequenos, os infusórios que flutuam nas águas, elevando-se de grau em grau, nas escalas das espécies, até o homem. O instinto torna-se sensibilidade, inteligência, consciência, razão. Sabemos também que essa ascensão não para aí. Graças aos ensinamentos do Além, aprendemos que prossegue, através dos mundos invisíveis, sob formas cada vez mais sutis, e prossegue, de potência em potência, de glória em glória, até o infinito, até Deus. E essa ascensão grandiosa da vida só se explica pela existência de uma causa inteligente, de uma energia incessante, que penetra e envolve toda a natureza: é quem rege e estimula essa evolução colossal da vida para o bem, para o belo, para o perfeito! (Léon Denis, *O grande enigma*, pág. 55, 2014)

Sublinha ainda o célebre pensador francês que o progresso a que nos encontramos jungidos é natural e ascensional, conduzindo-nos desde as mais ínfimas, porém significativas condições, às mais elevadas, cujo fim é a própria condição de perfeição, de acordo com os propósitos divinos para a humanidade. Não obstante, assevera que esse progresso nos acompanha desde as primeiras existências, tornando-se assim condição *sine qua non* para nosso desenvolvimento:

> A possibilidade que temos de compreender, de julgar e de discernir só se desenvolve lentamente, de séculos em séculos, de existências em existências. Nosso conhecimento e nossa compreensão das coisas se completam e tornam claros à medida que nos elevamos na escala imensa dos renascimentos. (Léon Denis, *O grande enigma*, pág. 51, 2014)

Denis enaltece e dilata mais ainda a concepção acerca da reencarnação como condição para a evolução do entendimento e compreensão das coisas do céu e da Terra. Todo entrelaçamento que há entre o mundo invisível etéreo e o material grosseiro se dá ao longo de séculos e milênios, o que encerra a reencarnação em seu continente. É nesta concepção que entenderemos os propósitos da Inteligência Cósmica, que, por meio de Suas leis, entre elas, a lei universal da reencarnação, promove, naturalmente e de forma cadenciada, a evolução das humanidades e de seus respectivos mundos.

Todo esse processo visa atender a lei do progresso, que, na condição de lei, deve ser compreendida como um imperativo natural e inadiável que, desde o princípio, conduz a humanidade, com vistas a que alcance um único fim: a evolução plena. Progredir, portanto, não é uma escolha da humanidade nem tampouco dos homens, mas um imperativo da lei de progresso e uma necessidade da própria humanidade. Sendo assim, nenhum de nós poderá impedir o progresso. Sua marcha pode ser lenta, pela própria naturalidade do processo; no entanto, ocorre de forma cadenciada e ininterrupta. Nem mesmo os que têm um entendimento e um desenvolvimento intelectual à frente de seu tempo podem obstar-lhe a marcha, pois esse progresso é regido pela própria natureza e suas leis autorreguláveis. O homem não tem controle sobre a lei do progresso a ponto de impedi-lo.

Façamos o seguinte raciocínio: se fôssemos de hoje e não de ontem, de que forma poderíamos acompanhar todo o progresso, sem que tivéssemos a oportunidade de estudar e aprender as coisas de Deus e do mundo, as relações e os entrelaçamentos entre esses dois espaços de vivência humana, o sutil e o grosseiro? O homem vive em pleno progresso, viaja com ele, se alimenta dele, sente o seu cheiro e respira o progresso. Vive, por assim dizer,

REENCARNAÇÃO – A JUSTIÇA DE DEUS | 99

envolto nas teias e emaranhados do progresso, sem que dele possa se desprender e se desvencilhar.

O progresso faz parte da condição existencial do homem, já nasce com ele, morre com ele e renasce com ele. Ao nascer, morrer e renascer, já traz em si, nos recônditos do ser, os germens da lei do progresso. Deus, assim, impede de forma justa que alguns dentre Suas criaturas possam nascer sem que esteja ligado de forma venal ao progresso. A própria condição de aprendiz torna o homem instrumento da eternidade para que a lei do progresso aja no seio do planeta e da humanidade, visando a construção de um futuro melhor. Para que esse futuro se mostre em suas mais nobres extensões, o homem precisa, no presente, edificar-se de maneira moralmente imperecível, construindo um edifício capaz de abrigá-lo na sua existência futura.

O futuro melhor a que devemos nos preparar depende de múltiplas questões, todas elas emaranhadas na lei universal da reencarnação. Não há como nos desvencilhar desse conhecimento, dessa dádiva divina, pois do seu conhecimento depende todo entendimento que norteará nossos passos rumo a um futuro melhor.

Todas as questões, sejam elas da vida e da morte, do bem e do mal, da luz e da escuridão, de Deus e do homem, convergem do entendimento da reencarnação, pois todas as possibilidades que cogitarmos só encontrarão base e consistência se as submetermos à luz dessa majestosa lei. É pela reencarnação que a vida é imortal e que a morte é apenas uma passagem, que o corpo físico representa tão somente uma carruagem cujo guia é o espírito e sua jornada vai além do tempo e viaja pela eternidade.

É pela reencarnação que o bem é uma dádiva existencial e constante na vida do homem, e que o mal representa apenas uma condição efêmera, apenas um estado de inferioridade, mal que, tão logo o homem tenha transposto esse estado, desaparecerá. O bem é resultante de suas próprias ações, que será uma constante na sua vida tão logo entenda que o bem que fez ao semelhante será o bem que receberá pela lei de causa e efeito.

É pela reencarnação que se verá a luz como edificante e reluzente, que age nas trevas tão logo se deseje desta se libertar, que o menor dos lampejos das radiantes dádivas do Pai nos eleva e nos transporta para fora de toda e qualquer escuridão, que o processo de iluminação se faz ao longo de várias existências, pois, estando na escuridão, não se acende todas as luzes de uma só vez nem tampouco uma luz forte. É pela reencarnação que se entende que a luz, no seu mais alto esplendor, ofuscaria a visão do homem, deixando-o cego para as coisas de Deus, o que nos permite entender que esta chegará aos poucos em nossa vida infinita, existência após existência, tão logo desejemos sair da escuridão da ignorância, do *apartheid*, do sectarismo, da exclusão, do preconceito e da cegueira religiosa.

É pela reencarnação que entenderemos que os propósitos do Criador para o homem não são apenas de uma existência, mas de uma infinidade delas, que a sua misericórdia e bondade infinitas só podem ser apreendidas e entendidas quando consideramos todas as possibilidades possíveis, pois a compreensão de um Pai amoroso e misericordioso está na máxima: *Deus sempre deixa a porta aberta para o arrependido.*

É pela reencarnação que entendemos que aquele que vive em desajuste em relação às leis divinas terá todas as oportunidades necessárias ao seu arrependimento, que ele não encontrará a porta fechada, mesmo que leve dezenas de existências para enxergar o que está a sua frente. É pela reencarnação, enfim, que o homem entenderá que o Bom Pastor, que é Jesus, deixará noventa e nove ovelhas e irá à procura daquela centésima que se desgarrou; que o Pai não desistirá de um filho Seu, não importando quantas existências essa alma tenha de viver até que reencontre o caminho certo.

É pela reencarnação, pois, que entenderemos que Deus está sempre de braços abertos, como o pai à espera do filho pródigo, que, depois de muito sofrer, resolve regressar à casa paterna. Que o aconchego paterno não possui prazo de validade, que o tempo em que o filho se religará ao Pai não é determinado, sob o ponto de vista das portas se fecharem e ele ter que ficar de fora de sua herança. Que, por mais que padeça o filho que se afastou do Pai, este sempre encontrará a graça e misericórdia do Criador tão logo se arrependa e mude de caminho.

Capítulo 13

Reencarnação e o "sede perfeitos"

COMO VEMOS, A REENCARNAÇÃO é uma dádiva de Deus para o homem e um alento para este, pois cada existência vivida o fará perceber que, longe de sua origem, de sua fonte de vida, não há como evitar o círculo vicioso dos renascimentos e chegar ao êxtase sublime da morada celestial. Em sua obra, *Pedagogia espírita*, Herculano Pires mostra que o processo de evolução por que passa a humanidade não deixa de fora nenhum ser e que o conceito de *pecado* é substituído pelo de *erro*, que sempre será corrigido ao longo das muitas reencarnações.

Essa concepção herculaniana, de que errar é produto da falta de conhecimento, reforça a tese de Descartes, segundo a qual, tão logo o homem conheça, este sairá do erro. O Pai, que é a expressão da bondade, depositou em nós o gérmen dessa virtude, fazendo com que a bondade em nós se desenvolva e cresça, independentemente do número de existências que venhamos a precisar.

Partindo do pensamento de que nós emanamos da Bondade Suprema, que é Deus, como assevera Rousseau, e, sabendo todos, que um dia voltaremos a Ele, esse retorno não acontecerá enquanto estivermos envolvidos com a sujeira do lamaçal em que nos atiramos. Esse processo de desprendimento de toda mácula adquirida ao longo de nossa jornada não acontecerá tão rápido assim, pois, diante da quantidade de erros e imperfeições adquiridos em apenas uma existência, levaríamos outras tantas para nos libertar apenas dos grilhões da vida presente.

Não pensemos que retornaremos ao Pai com os pés e as mãos manchadas do sangue e da dignidade de nosso semelhante; antes, porém, deveremos alvejar-nos, como bem diz o autor do *Apocalipse*, no sangue do Cordeiro. É preciso viver como o Cristo viveu, sentir como o Cristo sentiu, amar como ele amou. Se ainda não aprendemos as lições que Jesus nos ensinou, deveremos nascer de novo, como bem ele o disse a Nicodemos. O renascimento tratado entre Jesus e Nicodemos é o mesmo a que ele se referia quando dizia nascer da água e do espírito, como anota Herculano Pires em sua obra *Agonia das religiões*.

Pensemos nas palavras do Cristo: *Sede perfeitos, como vosso Pai do céu é perfeito!* Aqui não se trata de ser perfeito como Deus o é, pois bem sabemos, e Descartes assevera isso, que Deus é a própria perfeição, de onde esta emana para os homens. Ser perfeito como o nosso Pai do céu é perfeito significa atingir um grau de evolução que nos permitirá acessar as moradas celestiais, pois: bem-aventurados os puros, porque eles verão a Deus.

Pureza e perfeição apresentam o mesmo significado no contexto evolucionista da jornada humana. Dessa forma, precisamos ser perfeitos ou puros para alcançar a Deus, numa concepção fluídica de transição com as emanações que vêm do Criador. Ainda temos que entender que a nossa perfeição apresenta uma relação do que nós entendemos e concebemos do que seja puro para nós, espíritos imperfeitos. Mais uma vez asseveramos: alcançar a perfeição não é ser a perfeição. Deus é a perfeição, pois d'Ele emana a noção que temos do que venha a ser perfeito. Nós, criaturas do Criador, alcançaremos os raios luminosos da fonte ou motor da perfeição, que é Deus.

Devemos, contudo, vislumbrar que o alcance dessas características só pode acontecer depois de muito persistirmos no caminho, depois de todas as quedas e depois de todos os levantes. Ninguém pode, em apenas uma existência, tornar-se esse ser perfeito. Para racionalizar essa ideia, basta que pensemos em nosso recôndito espiritual, e lá encontraremos nossos mais sutis erros, nossos mais tenebrosos e vis pensamentos, que, como adaga afiada, lançamos sobre nosso semelhante.

Vasculhando nos escombros de nossas imperfeições, lá encontraremos o que guardamos e ninguém, como nós, digo, encarnados, saberá. É a avareza, o ódio, o orgulho, o egoísmo, a luxúria, a vingança, o rancor, a maledicência, a preguiça e tantos mais, que muitas vezes passa de forma despercebida a nós mesmos. Quem não guarda um único desses males, sequer em sua alma? Quem acredita que deixará essa existência, de forma límpida e pura como a mais límpida e cristalina das águas? Qual aquele que acredita deixar essa existência sem um pensamento inferior sequer?

Uma das parábolas do Cristo nos faz bem lembrar de que todo erro e toda mácula serão extirpados por meio do aprisionamento no cárcere, que, a bem do entendimento, é o corpo físico. Ele assim assevera: Aquele que for conduzido ao cárcere, por conta de suas dívidas, de lá só sairá quando tiver pago o último ceitil. Dessa forma, todos nós permaneceríamos jungidos à carruagem orgânica até que toda nódoa impregnada em nosso perispírito seja alvejada por condutas moralmente imperecíveis.

Não há assim outra explicação lógica e racional para o entendimento das coisas e das próprias palavras do Cristo. O nascer de novo, o tornar-se perfeito como o Pai são questões como outras encontradas nas próprias escrituras, que só podem ser percebidas pela aceitação e entendimento da reencarnação. É preciso que se veja a reencarnação como uma estratégia de Deus para Seus filhos, visando a finalidade maior que é o alcance da condição mais sutil e etérea do ser, ou seja, a transformação verdadeira e completa do espírito.

Se não pensarmos assim, toda a humanidade, vivendo apenas uma existência, estaria condenada ao castigo eterno, como atestam os ignorantes e indolentes de entendimento. Que prazer então teria o Pai em ver Seus filhos no choro e ranger de dentes, por toda a eternidade, sem que tivessem tido outras oportunidades? Se nascemos para sermos puros, pois o próprio Cristo garantiu isso, porque então não teríamos tantas oportunidades quantas forem possíveis, já que o nosso Criador é infinito em misericórdia? Lembremos que nós nascemos para evoluir e chegar onde os mensageiros celestiais chegaram. Nascemos para vencer todas as barreiras que há entre nós e as moradas do Pai. Fomos criados para ascender e nos tornarmos como o próprio Cristo e até mais, pois ele mesmo disse que nós podemos fazer muito mais do que ele fez, bastando, para isso, ter fé.

Esse fato foi objeto de diálogo entre Jesus e os apóstolos, quando eles perguntaram o porquê de não terem conseguido expulsar os demônios que atormentavam um homem. Então, podemos ser maiores do que Jesus, fazer coisas maiores do que as que ele fez, bastando que tenhamos fé. Contudo, devemos analisar que os apóstolos, que viveram com Jesus, durante sua vida pública, não conseguiram este feito, quanto mais nós, que estamos a grande distância (moral) do Salvador. Entretanto, essa questão não versa sobre a impossibilidade de sermos um Cristo, mas tão somente que serão necessárias várias existências.

Acerca desse tema, alcance de condições mais nobres e elevadas, por nós, espíritos imperfeitos, Léon Denis, em sua obra *O grande enigma*, dá-nos grande alento e esperanças novas no futuro, demonstrando que o estado de dor e sofrimento é passageiro. Assim escreve o autor:

> Mas o que podemos e devemos compreender é que esses espíritos potentes, esses missionários, esses agentes de Deus, foram, tal qual ora somos, homens de carne, cheios de fraqueza e misérias; atingiram essas alturas por suas pesquisas e seus estudos, pela adaptação de todos os seus atos à lei Divina. Ora, o que fizeram todos podemos fazer também. Todos temos os germens de um poder e de uma grandeza iguais ao seu poder e à sua grandeza. Todos temos o mesmo futuro grandioso, e só de nós outros mesmos depende realizá-lo através de nossas inúmeras existências. (Léon Denis, *O grande enigma*, pág. 72, 2014)

Eis o pensamento materializado por Jesus e reafirmado por Denis! Somos sempre bem mais do que fomos, de forma que amanhã seremos maiores do que somos hoje, não importando quanto tempo levará, pois temos a imortalidade pela frente, desde que façamos de cada existência uma ação laboriosa, em que a preguiça e a ignorância não nos afastem das lides venturosas. Portanto, devemos estender nossa mão ao progresso que nos chama, ao labor que nos aguarda, fazendo de cada dia e de cada existência momentos ímpares pelos quais as dádivas do Pai descerão sobre nós e nossos semelhantes.

Capítulo 14

Reencarnação e sonhos

EVOLUIR É UM IMPERATIVO e dele não escaparemos, pois é uma destinação inscrita em nós, como conteúdo da lei divina. Deus, na sua magnânima inteligência, escreveu Suas leis na consciência do homem, para que este, mesmo sob as vicissitudes da vida material, tivesse em si todas as condições para o seu desenvolvimento e também para o desenvolvimento da humanidade, pois o progresso da Terra e de todos os que nela habitam, é de responsabilidade dos seus.

Como bem diz Léon Denis, *cabe ao homem silenciar os ruídos discordantes da vida material, para a voz interior lhe falar dos deveres, do progresso e da ascensão da criatura humana. Silenciar esses ruídos é uma tarefa nada fácil e árdua para o homem que não abriu sua mente e seu coração ao entendimento, pois sua dureza de coração e sua preguiça mental são como dardos lançados em sua direção e que envenenarão a si próprio, criando impedimentos para ouvir sua consciência.*

A bondade do Pai é infinita, pois faz chover sobre os bons e sobre os maus, como está escrito no próprio livro sagrado. Deus escreveu na consciência de cada homem as Suas leis divinas, para que a cada um fossem dadas todas as possibilidades para a elevação, para o progresso e o cumprimento dos deveres. Quanto a isso, o sábio e o ignorante apresentam as mesmas condições; portanto, não há desvantagens para nenhuma das Suas criaturas. No entanto, nem todos querem ouvir a voz interior, que é a voz de Deus, o clamor de Suas leis a atrair a ovelha para o aprisco.

Muitos homens, em vez de escutar sua própria consciência, preferem dar ouvidos aos usurpadores da consciência humana, aos que entorpecem e distorcem, não para sempre, a voz que há em cada um de nós. Esses pseudolíderes, aproveitando-se das fragilidades de muitos, lançam-se como assaltantes à beira do caminho e roubam-lhes o bem mais valioso que trazem em sua bagagem: a capacidade de discernir. Apesar de assaltado e estropiado, ninguém poderá, diante da grande e perfeita justiça divina, que se corporifica na consciência de cada um, eximir-se de suas omissões, erros e loucuras, sob o pretexto de que o caminho errado fora indicado por falsos pastores, pois, em meio a todo torpor e alucinações, essa "voz interior" sempre chama o homem à lucidez, à razão e ao bem, mesmo que este a ela feche os seus ouvidos.

Os homens que se deixam atrair por esses maculadores da humanidade são todos aqueles que buscam o imediatismo, que apresentam uma certa inclinação pela atração exacerbada à matéria e pela busca irracional dos milagres. Esses homens acabam bebendo na taça do medievalismo um vinho machucado pela cegueira religiosa, cujos preparadores e servidores desse vinho conhecem bem os seus desejos mais profundos e incontroláveis. Eles conhecem bem a sede cega e incoerente de muitos homens, servindo-lhes uma água que não é aquela que Jesus ofereceu à mulher adúltera. Turva, amarga e exalando odores fétidos, a água, que esses falsos profetas oferecem aos cegos, é doce no paladar e amarga nas entranhas, causando uma falsa sensação de saciedade no presente, mas que, no entanto, leva o homem a um futuro sequioso.

Os homens que se serviram dessa água descobrirão, no futuro, que beberam na fonte errada, que, despertos das torpezas que os envolveram, pensarão que seria melhor tivessem provado do sal ao invés de beber a lama que lhes foi oferecida. Contudo, a misericórdia de Deus os aguarda, pacientemente, e lhes oportunizará uma nova existência, para que nessa nova oportunidade possam saborear da água da vida, que jorra das fontes da doutrina consoladora.

A pluralidade das existências é uma questão deveras importante para o homem, uma vez que, para compreender todas as etapas de desenvolvimento em que a humanidade está inserida, ele precisa conhecer e entender para aceitá-la e, aceitando-a, abre-se a uma luz cujo esplendor é imensurável. Para se ter uma ideia da grandiosidade e relevância do conhecimento e aceitação da lei universal da reencarnação, muitas das áreas de conhecimento têm seus raios de alcance limitados, pois não conseguem ir além do visível, do palpável e material. Não indo além do visível, o homem não adentra a intimidade do invisível, o que faz com que as teorias fiquem, apesar de toda complexidade e progresso, incompletas.

Uma prova dessa assertiva é o que acontece, por exemplo, com a busca de entendimento para as questões do psiquismo, da sexualidade e dos sonhos. Tomando como referência e pondo em paralelo a questão dos sonhos, temos uma pluralidade de entendimentos, desde a origem aos conteúdos oníricos. De acordo com o que encontramos em *A interpretação dos sonhos*, de Sigmund Freud, o julgamento ingênuo da pessoa que desperta, supõe que o sonho – ainda que não provenha de outro mundo – leva a um outro mundo aquele que dorme (*A interpretação dos sonhos*, 2012). Isso representa um contraponto, de acordo com o que os antigos pensavam dos sonhos antes de Aristóteles.

Em outra perspectiva, Binz afirma que: *de dez sonhos, pelo menos nove têm um conteúdo absurdo. Reunimos neles pessoas e coisas que não têm menor relação entre si. Já no momento seguinte, como num caleidoscópio, o agrupamento se modificou e, se possível, ficou ainda mais absurdo e impossível do que era antes; e assim prossegue o jogo cambiante do cérebro incompletamente adormecido até que acordamos, colocamos a mão na testa e nos perguntamos se de fato ainda possuímos as capacidades racionais de imaginar e pensar (A interpretação dos sonhos*, 2012).

Para o autor, a realidade dos sonhos é muito incompleta, distorcida ou, então, seu motor está distante da compreensão puramente materialista. Se o conteúdo onírico é tão distante da realidade e tão desconexo assim, como podem afirmar que a matéria-prima dos sonhos representa tão somente as experiências do dia a dia e, quiçá, das primeiras infâncias?

Na opinião de Hildebrandt, os sonhos estão justapostos em um terreno cujo esteio é constituído de migalhas, restos inexpressivos de um passado que pode estar longe ou perto do sonho:

> Pois o estranho é que, via de regra, o sonho não toma seus elementos dos acontecimentos grandes e profundos, dos interesses dominantes e instigadores do dia que passou, e sim de coisas secundárias, das migalhas sem valor, por assim dizer, migalhas do passado vivido recentemente ou mais remoto. (Hildebrandt Apud Sigmund Freud, *A interpretação dos sonhos*, pág. 33, 2012)

Segundo Hildebrandt, há um passado remoto que responde pela produção do material onírico, podendo-se entender também, por passado remoto, um passado além da entrada nesta existência, sobretudo, pelo fato de que muito dos sonhos não foi compreendido, mostrando-nos uma incapacidade de acesso aos recônditos da mente. Os materiais colhidos desde a idade mais tenra encontram justaposição com os fatos dos sonhos; no entanto, há um material, que transcende a linha do nascimento, realizando uma trajetória decrescente e que vai além da chegada do indivíduo a esta existência.

De acordo ainda com Hildebrandt, o sonho representa uma realidade hermeticamente fechada em si mesma, separada da vida real por um abismo intransponível. As nossas conclusões, acerca dessas informações, representam uma linha de raciocínio e pensamento que vai ao encontro da lei universal da reencarnação, pois, graças ao véu do esquecimento que nos impede de recordar as vidas passadas, o espírito mantém-se afastado, no presente, de todas as experiências transatas, tendo como único contato com elas as fecundações da mente de profundidade na mente de relação.

Ou seja, há uma gama infindável de lembranças armazenadas na mente e que, vez ou outra, emerge na forma de *insights*, migrando dos recônditos da alma para as regiões conscientes, o que se dá sempre por vontade superior, atendendo aos desígnios de Deus. Entretanto, esses lampejos de lembranças das vidas anteriores podem ser uma necessidade do próprio espírito ou da humanidade, especialmente quando tal lembrança for útil ao progresso dos homens, como os casos estudados pelo doutores Banerjee e Stevenson.

Assim, muito do que há nos sonhos de incompreensível e indecifrável, na verdade, são apenas experiências de um passado bem remoto. Contudo, devemos observar que os conteúdos que chegam a migrar de regiões inacessíveis e profundas representam apenas partes infinitesimais de todas as lembranças armaze-

114 | Cícero Alberto Nunes

nadas em nossa mente. É bem verdade que essas lembranças só migram para o consciente quando há um propósito da lei maior, isto é, desde que contribuam para o adiantamento dos espíritos, como já referido anteriormente.

Dessa forma, podemos entender melhor a natureza indecifrável de alguns sonhos, quando lembramos. Mas é sempre bom dizer que a maioria dos estudiosos dos sonhos, sobretudo dos tempos mais próximos do nosso, não faz relação dos sonhos com a lei universal da reencarnação, trazendo para o campo de estudos apenas a vertente da existência presente. Todavia, devemos legitimar o fato de que, como temos as leis de Deus escritas em nossa consciência e, entre elas, a lei universal das reencarnações, qualquer estudioso ou pesquisador pode perfeitamente imprimir, de forma inconsciente, as marcas dessa lei em seus trabalhos. Assim, mesmo os materialistas mais ferrenhos, podem deixar implícitas, em seus postulados, impressões da reencarnação.

Por outro lado, mas em consonância com o pensamento de Hildebrandt, Jessen estende mais ainda a longa estrada que nos leva à origem do material onírico. O estudioso nos dá uma dimensão mais aproximada da relação dos sonhos com a pluralidade das existências. De acordo com Jessen:

> Em maior ou menor grau, o conteúdo dos sonhos sempre é determinado pela personalidade individual, pela idade, pelo sexo, classe social, nível de informação, modo de vida habitual e pelos acontecimentos e experiências de toda a vida anterior. (Jessen Apud Sigmund Freud, *A interpretação dos sonhos*, pág. 33, 2012)

Vejamos que Hildebrandt nos fala de passado remoto e Jessen nos fala de vida anterior. Teriam os autores feito uma referência à pluralidade das existências, mostrando que os fatos inexplicáveis dos sonhos apontam para um passado realmente tão remoto que vai além das fronteiras que dão acesso a esta existência? O fato concreto em relação a essas considerações é que a interpretação, como na dos sonhos, nos fornece elementos para entendermos, no mínimo, que poderia haver aí uma ideia implícita ou inata que nos permite entender por essa vertente. Assim posto, entendemos que as experiências vividas durante o sono, na verdade, podem e devem representar fatos de vida presente e de vida passada.

Lembremos aqui do que o pai da psicanálise escreveu: conhece-se um homem pelos seus atos falhos, seus chistes e pelos seus sonhos (Teorias de Freud - *Descobrindo o inconsciente)*. Dessa forma, há uma herança que todo ser traz, que, a bem da razão e da lógica, transcende barreiras muito maiores e complexas do que podemos imaginar.

Capítulo 15

Reencarnação e sexualidade

AINDA TRATANDO DOS POSTULADOS de Freud, podemos associar, ao que já apresentamos, a sua teoria da sexualidade infantil, para mais um achado reencarnacionista nos trabalhos desse grande médico que, considerado à frente de seu tempo, realizou grandes conquistas para a humanidade. Ao dizer que as crianças eram seres sexuados, Freud causou mais um rebuliço no cerne da discussão acerca da infância e sexualidade. Desta feita, emana-se o entendimento de que, se a criança, considerada um ser puro, desconsiderando o que Kardec asseverou sobre esse tópico, de onde viria essa sexualidade? De onde traria a criança as suas primeiras manifestações sexuais?

Em *Totem e tabu*, Freud faz uma polêmica assertiva, expressando que as primeiras manifestações de desejo do menino são de caráter incestuoso. De acordo com Sigmund:

> A psicanálise nos ensinou que a primeira escolha sexual do menino é incestuosa, concerne aos objetos proibidos, à mãe e à irmã, e também nos deu a conhecer as vias pelas quais ele se liberta, ao crescer, da atração do incesto. (Sigmund Freud, *Totem e tabu*, pág. 11, 2013)

Por maiores que sejam os descompassos entre religião e ciência, a evolução desta não pode ser negada por aquela. Não se pode admitir que todos os avanços alcançados pela ciência psicanalítica tenham sido meras construções vazias e sem bases científicas. Os próprios resultados testemunhados pela sociedade da época e preconizados por Freud colocam a ciência em um patamar de aceitabilidade e reconhecimento que antes de Freud não se via, bem como seus princípios, valores e resultados, em condições de inegabilidade. Façamos o seguinte raciocínio: como encarar a sexualidade infantil sem considerar que a criança é um espírito velho na roupagem da inocência, como entendemos à luz do espiritismo?

Ora, o que afirma a psicanálise, acerca da sexualidade manifesta na criança, está em acordo com a visão espírita. Essa sexualidade só poderia vir de existências transatas.

Como não podemos e não devemos negar as descobertas da psicanálise, uma vez que suas bases são sólidas, como em qualquer outro campo científico, e como as bases do edifício freudiano acerca da sexualidade infantil também são sólidas; não há outra escolha a não ser admitir a verdade: a criança é sim um ser sexuado e possui sexualidade tão logo chega ao mundo, fato comprovado por meio do chuchar (Teorias de Freud – *Descobrindo o inconsciente*).

No entanto, é preciso que se entenda que, por trás de toda essa construção freudiana, muito embora Freud não cresse na reencarnação, há um "quê" de pluralidade existencial, sobretudo quando nos apegamos ao que escreveu Amaral. Para o autor, as construções científicas de Freud, além de se assentarem em uma posição contrária ao que propunha a sociedade da época, demonstravam um certo interesse no esforço para se engendrar como seus opositores defendiam uma criança pura. Para Amaral:

A subversão freudiana, entretanto, aponta para a direção contrária, pois afirma que as crianças não só não são puras como também vão precisar de muitos esforços para tentar trilhar algum caminho rumo à pureza. (Diego Amaral Penha, Teorias de Freud – *Descobrindo o inconsciente*, pág. 57)

Tratando-se de pureza, lembremos do que falou o Mestre, no Sermão do Monte: "Bem-aventurados os puros, pois eles verão a Deus!" E Freud, sendo um judeu convicto – ainda que erroneamente se afirme que o judaísmo não admite reencarnação –, traz em suas ideias, de forma latente, o gérmen da pluralidade das existências. Inegavelmente estamos destinados à perfeição e à pureza, virtudes sem as quais não chegaremos a Deus. E para alcançar tais virtudes, é preciso renascer várias vezes, pois é pelas vidas sucessivas que nos despojamos das imperfeições, que têm no orgulho e no egoísmo as grandes chagas da humanidade.

Não tachamos Freud um defensor da reencarnação, mas sua obra aponta para ela. Em todo labor humano, mesmo que de forma inconsciente, o homem deixa a marca de sua essência divina, e, o divino, que há em nós, conduz à lei universal da reencarnação. No caso do judaísmo, os equívocos se devem ao fato de que nem todos os judeus estudam a Cabala, que traz, no seu bojo, o tema da reencarnação. Freud pode não ter sido autorizado a estudar esse documento doutrinário do judaísmo; no entanto, sua essência, como já dissemos, é reencarnacionista, como a de todos nós.

Dessa forma, como a criança não é pura, o que já está provado pela psicanálise, por seus estudos e pesquisas, essa ausência de pureza, substanciada na forma de sexualidade infantil, principalmente, esse traço da personalidade da criança, só possui uma fonte: a existência pretérita do ser. Não há, repito, não há quaisquer outras teorias que expliquem ou mesmo tentem explicar de forma coerente as nuances desse campo científico, desligando a conexão etérea que há entre esse *constructo* científico e a lei universal da reencarnação. Está posto! Está em nossa frente para que todos possamos ver. Somente aqueles que se deixam vendar-se não conseguem ver o deslumbre que representa o olhar para a vida e as coisas da vida com a lente da reencarnação.

Para fechar o tema da sexualidade infantil, como um *constructo* comprovador da reencarnação, vendo na criança um ser milenar em roupagem de inocência; podemos citar o que nos assevera Hermínio Correa Miranda em sua obra *A memória e o tempo*:

> Não é, pois, de admirar que o filho desta vida tenha sido o amante de uma das anteriores, ou que o pai tenha sido esposo em outra vida. Por que renascem em tais posições: uma boa e frequente razão é para que aprendam a sublimar o sentimento de posse exclusiva ou de sexualidade exacerbada e doentia. Assim, o amante possessivo de outrora aprende a conter-se e a respeitar, na figura de sua mãe ou de sua filha, aquela de quem no passado abusou e aviltou, tanto quanto a mãe que porventura se haja extraviado nas deformações do amor desvairado passe a ver no ex-amante um filho que lhe compete aprender a amar e a respeitar como um companheiro de jornada evolutiva e não como mero objeto de satisfação sensorial. (Hermínio C. Miranda, *A memória e o tempo*, pág. 174, 2013)

A tese de que a criança possui uma sexualidade – conforme se depreende no estudo da doutrina dos espíritos e constatado posteriormente pela teoria da sexualidade infantil de Sigmund Freud, o que já foi aceito pela ciência – decorre de sua condição de espírito imortal, que já viveu antes, e traz consigo uma bagagem de experiências. Ainda que sob a graciosidade de um corpinho frágil, a criança é um espírito "velho", travestida com a roupagem da inocência, sob a qual podem estar dormentes antigos vícios e fraquezas que irão despontar mais tarde, caso os pais não consigam extirpar, ainda na tenra infância, essas tendências negativas.

A sexualidade infantil tem, pois, origem nas vidas vividas, única explicação coerente e racional para que um ser, na mais tenra idade, apresente aspectos psíquicos vinculados a experiências sexuais. Também se faz necessário admitir que a explicação para os complexos de Édipo e Electra encontra conformidade na citação acima, quando o assunto é o desajuste da energia sexual. De outra forma, não seria possível uma explicação coerente e racional.

Capítulo 16

Entre os selvagens

PENSAMOS QUE O ASSUNTO *reencarnação* é mais do que uma questão religiosa, tratando-se de uma verdade e uma lei, que, indiscutivelmente, abrange todas as áreas de acesso aos mistérios que envolvem a existência do homem. Independentemente da geografia de um país ou a história de seu povo, da idade das culturas e do grau de desenvolvimento de cada economia, há uma infinidade de grupos espalhados pelo mundo que conhecem e creem nela. Creem e *conhecem*, porque, como asseverou o médium Divaldo Pereira Franco, "quem crê, pode um dia não mais crer; mas quem conhece, este nunca mais desconhecerá".

A reencarnação, como lei, está diretamente relacionada com o conhecimento da sobrevivência da alma, ou seja: para se aceitar a lei das vidas preexistentes e reexistentes é necessário, primeiro, aceitar que não morremos, que tivemos existências anteriores a esta e teremos tantas outras que sucederão a presente. Esse fato, de acordo com os estudos antropológicos, já foi identificado em culturas de povos antigos, quando se verificou as relações entre guerreiros de várias tribos, que, após as batalhas, realizavam vários rituais para restabelecer a paz entre o vencedor e o vencido.

Revisitando a obra de Freud, *Totem e tabu*, encontramos, além da crença na imortalidade da alma, a certeza de que já trazemos esses conhecimentos inatos.

> Eles acham que um infortúnio acometeria os vencedores, se não houvessem tais oferendas. Além disso, parte da cerimônia numa dança acompanhada de um canto, em que se lamenta a morte do homem abatido e se pede o seu perdão. "Não tenha raiva", dizem, "porque estamos com sua cabeça; se não tivéssemos tido sorte, nossas cabeças estariam agora em sua aldeia. Oferecemos o sacrifício para apaziguá-lo. Seu espírito pode agora descansar e nos deixar em paz. Por que foi nosso inimigo? Não seria melhor se tivéssemos sido amigos? Então seu sangue não teria sido derramado". (Frazer *Apud* Freud, *Totem e tabu*, pág. 32, 2013)

A partir da citação acima, podemos entender melhor a questão do conhecimento que cada um traz, de acordo com as experiências vividas em existências anteriores. Os casos descritos no livro *Totem e tabu*, considerado uma das mais importantes obras de Sigmund Freud, e que foram identificados em tribos selvagens da América do Norte e Oceania, trazem à luz o conhecimento adquirido pelo homem durante a sua jornada.

Imaginando que muitas dessas tribos apresentam raízes ancestrais, anteriores às comunicações divinas que versaram sobre o mandamento "Não matarás", podemos afirmar que o princípio de não se fazer ao outro aquilo que não se quisesse que fosse feito consigo mesmo é um conhecimento latente, arquivado na mente espiritual do homem, independentemente de seu estágio histórico. Assim, esse tratamento oferecido à vítima pelo seu algoz circunstancial deriva de um fluxo migratório que parte da mente de profundidade para a mente de relação.

Neles também enxergamos expressões de arrependimento, de apreciação do inimigo, de má consciência por ter-lhe tirado a vida. Quer nos parecer que também nesses selvagens está vivo o mandamento "Não matarás", que não pode ser violado impunemente, muito antes de qualquer legislação comunicada por um deus. (Sigmund Freud, *Totem e tabu*, pág. 34, 2013)

A partir daí podemos ter a certeza de que esse conhecimento – se esse é inato ao homem e nele está presente de forma latente, ou seja, inacessível por algum tempo, por razões que ignoramos – foi adquirido em vidas passadas, pois, imaginando o selvagem, sob o ponto de vista do tempo histórico, como a criança que já nasce sem ostentar pureza, esse conhecimento não poderia ter surgido do nada, como em um truque de mágica.

Vejamos até que ponto o selvagem mantinha uma relação próxima com a lei de causa e efeito, embora rasteira:

> Quando um choctaw matava seu inimigo e tirava seu escalpo, guardava luto por um mês, durante o qual não podia pentear o cabelo, e, se sentia comichão na cabeça, podia coçar apenas com uma varinha que usava presa ao punho. (Sigmund Freud, *Totem e tabu*, pág. 36, 2013)

Que surpreendente relação encontramos entre as escrituras e alguns traços da vida desses selvagens! Lembremos do que nos disse o Messias: "Se nossos olhos e nossa mão nos são motivos de queda, seria melhor que os arrancássemos." É claro que as práticas dos selvagens não recebem os ensinamentos do Cristo como uma luva; no entanto, temos que considerar a grande proximidade que há entre as duas realidades, principalmente, quando comparamos a conduta humana de hoje e daquele tempo.

Pelas práticas de pós-combate, em relação ao respeito aos inimigos, vemos um conjunto de rituais que apontam para uma moralidade em relação às práticas dos selvagens, principalmente quando o assunto era a conciliação entre os inimigos. O próprio Jesus nos disse: "Concilia-te depressa com teu adversário para que este não te entregue ao oficial..." Vemos que os selvagens já cultivavam tal princípio, mesmo ignorando a fé cristã.

De acordo com Freud, a relação que há entre esses povos é de temor ao sobrenatural. De acordo com o pai da psicanálise:

> Esses povos são dominados por um supersticioso medo dos espíritos dos homens abatidos, um medo que também não era desconhecido da Antiguidade clássica, e que Shakespeare pôs em cena com as alucinações de Macbeth e Ricardo III. (Sigmund Freud, *Totem e tabu*, págs. 33 e 34, 2013)

Com mais esse fato, fica cada vez mais claro que esses selvagens, como encontramos em Jó, não são de hoje e sim de ontem. Esse medo do espírito do homem abatido encontraria uma razão de ser apenas na materialidade sutil e etérea da pluralidade das existências. Não se pode jamais imaginar que esses povos selvagens dormiriam e, após acordar no dia seguinte, despertariam para uma nova forma de relação entre si e seus adversários. O único sono do qual eles acordaram e se perceberam emaranhados nessa convivência de respeito para com seus inimigos foi o sono da erraticidade, onde, certamente, tiveram luz para os conhecimentos acerca das leis do Criador, que guiam o homem na sua longa jornada para a pureza ou felicidade plena.

Esses selvagens eram espíritos iniciando seu processo evolutivo, alguns talvez trazendo experiências de outras vidas, na Terra ou em outro planeta. O fato é que eles não são do presente, mas do passado, ou seja, eles não são de primeira viagem, pois a relação que mantêm com a lei divina, por meio da expressão do comportamento e do trato em relação aos seus inimigos, revela-

-nos conhecimento, embora rasteiro, mas de boa assimilação, da lei de causa e efeito. Apesar de pouco ou nada civilizados, guardam uma intuição, um conhecimento latente do mundo invisível e da lei de causa e efeito, o que sugere terem vivido antes. Esta é, sem dúvida, mais uma prova da reencarnação, que alguns ainda tentam, de forma inglória, negar.

Além disso, outros grupos humanos não conservavam esse comportamento quando se tratava de seus inimigos. Mesmo nos povos ditos civilizados, de hoje, não se verifica todo esse zelo com seus inimigos. Negar que esses selvagens eram almas que já viveram em outros planos seria admitir que eles eram especiais em relação aos demais. Ou que os povos modernos estão caminhando para trás, em matéria de civilização, pois, de acordo com o que vemos hoje, muitas almas parecem viver no puro estado de barbárie.

Capítulo 17

Reencarnação e transformação

A NEGAÇÃO DA REENCARNAÇÃO é algo que vem de um pretérito distante, remontando aos primeiros séculos da Era Cristã, quando em um dos concílios, realizado no seio das primeiras discussões cristãs, anatematizou-se a reencarnação. No entanto, nem tudo é escuridão, como, por exemplo, algumas passagens bíblicas que os perseguidores da reencarnação não conseguiram apagar ou encobrir. Além disso, os próprios ensinamentos contidos na *Kabbalah* e na *Torá*, os documentos-guia do judaísmo, guardam em sua essência os princípios reencarnacionistas.

Associado a este fato, soma-se outro: Jesus, que era judeu e seguidor das leis, era reencarnacionista. Para aqueles que não querem enxergar os fatos, alegando que Jesus se pôs contra a reencarnação ou que nada aludiu a ela, é bom que lembrem das palavras do Cristo: *Não penseis que vim destruir a lei ou os profetas; não vim destruir, mas cumprir.* Neste caso, como todas as religiões cristãs se baseiam nos ensinamentos do Messias, não há legitimidade nas ações dessas religiões, que se dizem cristãs, ao condenar um princípio do próprio fundador da religião do amor.

Recordando as discussões do ano 553, durante o II Concílio

de Constantinopla, que se acredita ter sido o quinto, o imperador Justiniano, junto à maioria dos bispos presentes, resolveu rejeitar a crença na preexistência da alma, como defendia Orígenes. Esse pensador, um dos pais da Igreja, afirmava que algumas passagens do novo testamento só poderiam ser explicadas sob esse ângulo.

Mas não se descartam os comentários vindos dos bastidores da corte imperial, segundo os quais Teodora, esposa de Justiniano, preconceituosa e escravocrata, temia, pelo processo da reencarnação, voltar na condição de escrava negra, ela, que segundo consta, teria mandado executar 500 cortesãs. Ela temia, como tratavam alguns na época, que por conta de seus crimes teria de reencarnar mais de quinhentas vezes como cortesã para "resgatar o seu carma". Conta-se que, para atender aos caprichos da esposa, Justiniano mandou banir, das escrituras, quaisquer menções à lei da reencarnação, e a palavra *reencarnar* só entraria no presente contexto no século XIX.

Entende-se com isso que as mudanças nas escrituras aconteceram de fato e que atenderam a propósitos dos que promoveram essas alterações. No entanto, por desígnio de Deus, as alterações promovidas não foram suficientes para apagar, dos livros sagrados, a presença da ideia das vidas sucessivas. Mesmo que não queiram admitir, ela está presente. E isso faz supor que o curso natural das coisas, engendrado pelo Criador, não pode ser mudado pelos homens. Assim como o ateísmo tem seus propósitos para a transformação humana, os perseguidores da reencarnação e da mediunidade também apresentam os seus motivos.

Imaginar que a reencarnação é uma invenção dos homens é negar o processo histórico que assola a humanidade. Como lei divina, a palingênese rege os homens desde a sua criação primeira. Ademais, como algo, que já existe, poderia ser inventado? O

REENCARNAÇÃO – A JUSTIÇA DE DEUS | 131

máximo que a razão pode conceber é que se reinventa só o que já existe, o que seria, por esse lado, favorável à lei universal da reencarnação. Se pensarmos que a reencarnação é invenção dos homens, como explicar que eles próprios tentaram tirá-la dos documentos bíblicos? O que não existe não pode ser substituído ou subtraído de qualquer lugar que seja.

Então, se os bispos fiéis aos propósitos do imperador Justiniano tentaram retirar a reencarnação da base documental da cristandade, é porque a pluralidade das existências era aceita como um princípio divino. Os que escreveram o antigo testamento conheciam e aceitavam isso; os apóstolos do Cristo, que escreveram os evangelhos, conheciam e aceitavam igualmente esse princípio. Se o homem criou a reencarnação, ele o fez baseado em quê, se tudo o que o homem faz é proveniente da natureza?

Tudo que fazemos não passa de respostas a estímulos da natureza, de uma cópia inacabada do que a natureza nos apresenta de forma concreta ou de forma abstrata. Tudo que fazemos, quando imprimimos nossos esforços humanos para encetar um movimento de melhoria para a humanidade, não passa de usufruto, em todos os sentidos, do que a natureza pode nos oferecer, pois nós somos a natureza, somos o que ela sugere que sejamos, pois ela própria é uma dádiva e um instrumento do Criador para que nos sirvamos de seus recursos e orientações na longa marcha para a evolução plena.

Os remédios que usamos para amenizar ou curar nossos males vêm da própria natureza. As roupas, que usamos, vêm da natureza. Os alimentos, que nos sustentam, provêm todos da natureza. Os meios de transporte e tudo mais que torna nossa penosa existência menos exaustiva provêm da natureza. Podemos dizer, então, que a natureza é invenção do homem? A natureza, como dissemos anteriormente, é um refrigério para as duras lutas que haveremos de viver na Terra. E ninguém há de negar que nossa vida sem ela é inconcebível.

Reencarnação não é criação do homem. Nem os hindus, nem os egípcios, nem os maias, nem os incas, nem os astecas a criaram, pois, como princípio, não pode ser criada. Todos aqueles que compreenderam a verdade da reencarnação estavam, pode--se dizer, identificando-se com uma lei universal. E julgando-a de forma sensata e racional, perpetuaram-na como conhecimento e lei divina. Negar a reencarnação, portanto, significa negar a possibilidade da transformação, um mecanismo natural que rege tudo e todos, desde seres inanimados aos seres animados.

Se somos matéria como a rocha e tudo mais que existe, pois, como bem assevera o conceito materialista de matéria aprendido nas séries iniciais da escola, que ela é tudo que existe e ocupa lugar no espaço, devemos nos transformar também, assim como a rocha se decompõe e se transforma em outra rocha. Partindo desse pensamento, de que a transformação é parte indissociável de tudo o que há, de tudo o que foi criado por Deus, imaginemos que, se os seres inanimados servem aos propósitos metamórficos da natureza, por que também as formas mais elevadas organicamente, como o homem, não se sujeitariam aos ditames da lei de transformação?

De acordo com Teixeira, as rochas, seres inanimados, sujeitam-se aos processos de modificações distintos, de acordo com a gênese e as características minerais. Vejamos como se dá esse processo de transformação no caso supracitado:

> As atuais rochas ígneas superficiais da Terra estão sofrendo o constante ataque das intempéries – os componentes atmosféricos O_2 e CO_2, a água e os organismos – que lentamente reduzem-nas a material fragmentar, incluindo tanto os detritos sólidos da rocha original como os novos minerais forma-

dos durante o intemperismo. A ação de agentes de erosão e transportes – a água corrente, os ventos e o gelo – redistribui o material fragmentar através da superfície, depositando como sedimentos, incoesos no início. Transformam-se em rochas sedimentares, porém, pela compactação dos fragmentos e pela expulsão de água intersticial e pela cimentação dos fragmentos uns aos outros. As rochas sedimentares, por sua vez, por aumento de pressão e temperatura, gerarão as rochas metamórficas. Ao aumentar a pressão e, especialmente, a temperatura, em determinado ponto ocorrerá a fusão parcial e novamente a possibilidade de formação de uma nova rocha ígnea, dando-se início a um novo ciclo. (Wilson Teixeira, *Decifrando a Terra*, pág. 42, 2003)

A citação acima, longe de comparar o homem a um ser inanimado, de um reino inferior ao animal, conduz a um pensamento de que a nossa composição menor é a mesma que recheia elementos naturais de outras variedades químico-estruturais. Não somos iguais às rochas nem às plantas e aos animais, assim como também não somos iguais a quaisquer outras formas de vida e de elementos da natureza; no entanto, guardamos em nós a mesma partícula que integra todos os seres da natureza. O que há em nós, há também nos seres do ar, nos peixes do mar e dos rios, nas formas de vida subterrâneas, nas bactérias, nos fungos, nos vírus e em qualquer criatura posta neste mundo pelo Criador. O princípio vital que anima os seres é o mesmo, guardando as suas peculiaridades. O átomo que constitui a rocha e a bactéria é o mesmo que constitui o homem, guardando as suas especificidades.

Há seres uni e pluricelulares, mas todos são constituídos por célula. Há seres e elementos cujos arranjos atômicos são diferentes; no entanto, todos possuem em si a estrutura do átomo. Se somos assim, como todos os outros seres e elementos da natureza, não podemos ser regidos de forma diferente, sem que estejamos submetidos à lei da transformação natural. Como bem disse o célebre e imortalizado Antoine Laurent de Lavoisier (1743–1794), químico francês considerado o pai da Química Moderna: *Na natureza nada se cria, nada se perde, tudo se transforma.*

Assim, como unidade da natureza, também somos submetidos a essa lei, pois, não fosse assim, estaríamos perdidos, como pensam os irmãos de opiniões contrárias, quando dizem que tudo acaba aqui e que nada há além do aqui e agora. Ou também, como dizem outros, ao pintar o céu e o inferno como fruto apenas de uma existência. Assim, para que evoluamos, precisamos nos transformar, como concebe Lavoisier.

Essa transformação representa as idas e vindas que precisamos realizar, até que estejamos transformados por inteiro. Isso sem que adiemos as nossas realizações, pois, diferente do que alguns pensam, acerca da lei da reencarnação, não podemos desperdiçar nenhuma das oportunidades que venhamos a conquistar, para que não soframos muito mais. A estes eram endereçadas as palavras do Cristo, quando antevia, no futuro da Humanidade, muito choro e ranger de dentes.

Caso a transformação natural, em sua especificidade humana, não nos atingisse, alguns de nós estariam vivendo a glória infinita, enquanto outros estariam em pleno e eterno sofrimento. Como esse pensamento é incoerente, o que já citamos algumas vezes, no tocante à sua inconsistência em face da misericórdia do Pai, que é infinitamente bondoso, a transformação do homem é uma realidade inegável, pois há uma necessidade de que este retorne ao seu Criador, purificado ou, como bem fala o autor do Apocalipse, nas vestes alvejadas no sangue do Cordeiro.

Desta forma, dirijamos o olhar ao aperfeiçoamento pelo qual devemos passar, para que, mais cedo ou mais tarde, em vista da misericórdia infinita do Pai, alcancemos a *plenitude dos eleitos*, no sentido de que nós mesmos, guiados à luz do Cristo, teremos infinitas oportunidades para alcançar o *Eliseu*, ou seja, a morada celestial dos deuses, como denominavam os gregos por meio de suas alegorias.

O pensamento da reencarnação como uma dádiva de Deus, como uma lei universal e natural que o próprio Criador institui para o crescimento e amadurecimento do homem em sua jornada de adoração ou regresso Àquele que o criou, coloca-nos em uma posição de artífices de nossa própria história, pois, no ato em que nos tornamos seres racionais, fomos dotados do livre-arbítrio, o que nos permite fazer as próprias escolhas e, com isso, colher os respectivos frutos.

Pensando assim, podemos imaginar, numa alusão puramente terrena, que aos nossos filhos nós damos todas as chances possíveis, desde o seu nascimento até o dia da sua morte. É comum, no leito de morte, alguns homens pedirem perdão de suas faltas àqueles que estão ao seu redor e, na maioria dos casos, esse perdão é aceito por aqueles a quem ele muito ou pouco ofendeu.

É também fato que muitos adolescentes, acorrentados ao mundo do crime e da droga, recebem dos pais todo apoio que estes podem dar, independentemente da gravidade dos crimes que tenham cometido. Nem por isso seus pais os abandonam. Recebem o perdão de suas vítimas e de seus familiares e, em alguns casos, são conduzidos a programas de ressocialização, recebendo uma nova chance de retornar ao convívio em sociedade.

Dia após dia, infratores das leis divinas recebem o perdão que poderia lhes colocar em novos caminhos; no entanto, poucos decidem por melhorar-se. Mesmo assim, sua decisão não os isenta de receber novas oportunidades da família e, às vezes, da própria sociedade. Se os homens, que estão distantes da bondade e longe do belo, como bem diz Platão em alusão à prática do

136 | Cícero Alberto Nunes

bem, são capazes de oferecer inúmeras vezes o perdão e o redirecionamento aos seus irmãos infratores, o que dizer de Deus? Cessar a possibilidade de ganhar o céu ou o inferno com o fim de uma única existência é, no mínimo, conceber Deus como inferior aos homens, pois estes praticariam muito mais a misericórdia do que propriamente o Autor da Vida.

Como sabemos que o homem é apenas uma criatura imperfeita, mas derivada da própria perfeição, que é Deus, tudo que ele possui, em termos de virtude, é uma ideia inacabada daquilo que Seu autor é. Assim, toda a bondade e misericórdia contidas no coração humano jamais poderão expressar e explicar a bondade e misericórdia que é Deus. Logo, a parábola sobre o perdão incondicional e infinito, quando Jesus ensina a perdoar "setenta vezes sete", remete-nos à infinita misericórdia de Deus e do que também devemos fazer com os nossos irmãos que vivem em desacordo com a lei divina.

Não se pode criar um abismo entre perdão e recomeço, entre recomeço e transformação, entre transformação e reencarnação, pois apenas dessa forma podemos dilatar, de forma rasteira, as possibilidades contidas por meio da pluralidade das existências, na relação entre Criador e criatura. Fomos feitos por Deus e para Ele. Saímos d'Ele e um dia retornaremos a Ele, e o processo de transformação que encetamos, a partir do momento em que d'Ele saímos, não é apenas material, no que concerne ao nosso corpo espiritual, mas é, sobretudo, moral.

Não obstante, quando falamos em sair do Pai e regressar a Ele, não fazemos alusão à doutrina panteísta, mas que fomos criados para louvar a Deus. Esse louvor, entretanto, só se consolidará após ter saído de junto do Criador e retornado para junto d'Ele, despojando-se o espírito de todas as imperfeições adquiridas em sua romagem. Regressar ao Pai, mais do que uma dádiva de Sua misericórdia infinita, é um imperativo.

Atentemos para o fato de que, ao desencarnar, nossos sistemas biológicos serão reduzidos aos elementos químicos que retornam à natureza, por meio da ação temporal dos microrganismos sobre a matéria, como nós a conhecemos. Toda tessitura mais complexa do corpo dará passagem aos arranjos menos complexos, ou seja, o produto da decomposição desse corpo. Este é o caminho de volta do que, saindo da natureza, a ela regressou.

Tudo que foi apanhado da natureza para a construção do corpo do qual se serve o espírito, um dia será devolvido a ela. Desta feita podemos entender, em mais uma perspectiva, a assertiva encontrada nas escrituras bíblicas: "Do pó viestes, para o pó voltarás". A matéria, como bem enuncia a lei de Lavoisier, não é destruída, mas transformada. Como retornaremos ao pó, uma vez tendo saído dele, pode-se, numa comparação alegórica, dizer que, no processo reencarnatório, necessitaremos dos mesmos elementos que foram utilizados para a constituição dos nossos corpos biológicos, havendo assim um ciclo do uso e reuso dos elementos que necessitamos para encetar a nossa constituição biológica, numa nova existência.

Capítulo 18

Reencarnação e o Sermão do Monte

PODEMOS TRAZER ESSE RACIOCÍNIO para a questão mais complexa e elevada de nossa existência, ou seja, quando o assunto é a nossa saída do Pai. Assim como tudo que sai da natureza volta a ela, todos que saem do Pai retornam a Ele. Basta que revisitemos a parábola do filho pródigo para que entendamos o processo de saída e de retorno. Um dia o Pai nos criou e nos forneceu todos os elementos dos quais necessitamos para viver, mas nós, ao invés de viver, fizemos a opção pela morte e não pela vida. Dispondo de todos os recursos para bem viver, com olhos para ver, ouvidos para ouvir, boca para falar, mãos para tocar, pernas para andar e correr, ainda assim preferimos usar esses recursos para o mal de nossos semelhantes e de nós mesmos. Assim, nós retardamos o nosso retorno ao Pai, tornando a nossa existência mais árdua e penosa.

Não há como pensar de forma diferente, não há como aceitar que nós regressaremos ao Pai com as mãos sujas do mal que fizemos aos nossos irmãos. Lembremos o Sermão do Monte: "Bem-aventurados os puros, pois eles verão a Deus". Se analisarmos bem a essência das bem-aventuranças, veremos que cada uma delas representa um estado de espírito que o homem alcançará, uma conquista realizada por ele, um degrau a mais na sua existência. Lembremos ainda que são nove bem-aventuranças e cada uma delas retrata uma condição para que o homem alcance o seu estágio de perfeição ou de perfectibilidade do qual fala Kant. Não obstante, o número das bem-aventuranças não representa a quantidade de vezes que devemos encarnar para atingir a perfeição.

Na verdade, é bom que se diga, para adquirir um conjunto de características, galgar a condição de manso ou pacificador, por exemplo, o homem necessita de muitas encarnações, número que varia de espírito para espírito, porque cada qual evolui na proporção de sua vontade e esforço próprio. Não há condição alguma de alcançar todos esses estágios, necessários à conquista plena da felicidade e da vida, em apenas uma existência. E quando Jesus assevera "Bem-aventurados os pobres de espírito, porque deles é o reino dos céus", devemos considerar que "pobre" está aí no sentido de 'carente de", "escasso de". Ou seja, pobre de conhecimento. Como Jesus disse, *conhecereis a verdade e ela vos libertará.*

A verdade, portanto, o conhecimento das leis divinas, é o primeiro aspecto da libertação do homem, que se encontra jungido aos grilhões da ignorância. Entretanto, quantos de nós levam toda uma vida nos emaranhados da ignorância e da escuridão do não conhecimento? Como o Pai é misericordioso, os filhos ignorantes terão outras oportunidades para despertarem para a verdade, não sendo, portanto, condenados por uma única existência às trevas da ignorância. Além disso, a maior necessidade da criatura é o retorno ao Criador, o que só acontecerá quando esta conquistar a duro esforço e trabalho o estado de perfeição, como nós a concebemos.

O conhecimento, mola propulsora de toda e qualquer transformação do espírito, é uma necessidade de primeira ordem, pois possibilita enxergar e entender a posição de desajuste com as leis do Criador. Lembremos do *Conhece-te a ti mesmo*, gravado na entrada do Oráculo de Delfos. Não estaria aí a recomendação para o *Conhecereis a verdade e a verdade vos libertará*, que o Cristo pregou?

Todas essas considerações são de caráter exclusivo da importância do conhecimento para o homem, condição *sine qua non*, para todo o processo de aprimoramento espiritual e moral da criatura divina. Não obstante, o conhecimento das coisas do homem e de Deus, dada à complexidade da majestosa criação, não são de entendimento apenas para a vida presente, mas sobretudo, para a vida futura.

Assim, é impossível conhecer tudo sobre nós e sobre o que há no espaço em apenas uma única existência. Esse esclarecimento acerca do tempo infinito para se chegar ao conhecimento das coisas se baseia no fato em que o próprio Messias nos disse que nós poderíamos fazer muito mais do que ele fazia, que somos nós como deuses. Dessa forma, como esperar fazer tudo que o Cristo fez vivendo uma única existência? Seria uma incoerência e uma irracionalidade querer adquirir os atributos que Jesus possui vivendo numa única existência. A compreensão acerca dessa bem-aventurança ainda nos condiciona a pensar que, criado simples e ignorante, o espírito precisa conhecer, para que alcance um grau de discernimento e, assim, tome as decisões corretas.

A humanidade é distinta. Cada espírito, que nela está inserido, apresenta estágio específico de evolução e progresso, de forma que veremos homens mais adiantados e outros mais atrasados, sob o ponto de vista moral e intelectual. No entanto, todos alcançarão o nível mais elevado, pois como a lei do pro-

142 | Cícero Alberto Nunes

gresso rege a todos, ninguém escapará aos ditames da natureza evolutiva desta lei. Assim, seria impossível percorrer o caminho mostrado pelas bem- aventuranças tendo apenas uma existência. Quantos de nós nos detemos do início até o fim da nossa existência presente sem que ultrapassemos o degrau do desejo de iluminar as trevas da ignorância com as luzes da razão?

Também é lúcido asseverar que todos esses estados de consciência e espírito não estão na razão de um para um, ou seja, cada encarnação significar um estágio alcançado. Pelo contrário, muitos de nós passam várias encarnações para que a centelha da razão brote em nossos corações, fazendo com que a conquista do progresso moral e espiritual dependa única e exclusivamente do próprio espírito.

Consolidemos a ideia de que um dia todos nós teremos alimentado o nosso espírito com a luz da razão e da verdade. Que um dia todos seremos consolados, todos herdaremos a Terra, seremos fartos, alcançaremos misericórdia e veremos a Deus. Que um dia todos seremos chamados filhos de Deus, todos teremos o reino dos céus, e o galardão de todos nós será grande, como o foi o dos profetas. Isso significa que cada homem será feliz por cada conquista, por cada avanço que realizar. As bem-aventuranças nos permitem acalentar, no coração, a certeza de que, a cada progresso que fazemos, no que concerne ao conhecimento das leis divinas e do bom emprego que fazemos delas, nós nos elevamos e nos tornamos merecedores das dádivas e alentos dos céus.

Capítulo 19

Reencarnação e filosofia

A REENCARNAÇÃO É A boa-nova anunciada por Deus por meio das revelações feitas até hoje aos homens, vindas através das mais diversas observações da natureza e das próprias leis do Pai. Digo da natureza, pois, as leis divinas são naturais, e, no início dos tempos, a percepção das coisas do Alto por parte dos homens, em seus períodos mais remotos, deu-se por meio das observações que estes fizeram dos elementos naturais, onde hoje se encontram as raízes da relação entre Deus e a humanidade.

Dessa forma, é importante considerar que a busca pelo novo é uma condição humana diante da natureza e das leis de Deus, expressas por meio da relação entre o Criador e a humanidade. Nem todos os homens, porém, possuem o espírito de investigação e a capacidade de se comover, pois estas são algumas das faculdades que empurram o homem para o novo. Essa intuição de que há algo mais além do existente tem proporcionado ao homem, desde os tempos mais longínquos, a vivência de sensações e experiências que o trouxeram à realidade em que hoje se encontra.

É preciso acreditar não apenas no que existe, mas, sobretudo, naquilo em que nossos sentidos mais comuns não podem perceber. É preciso deixar de crer tão somente no que excita nossos órgãos mais comuns e vislumbrar o que as sensações mais sutis podem perceber. Sobre este assunto, Jean-Jacques Rousseau, em sua obra *Emílio*, diz que:

> A existência dos seres finitos é tão pobre e limitada que, quando só enxergamos o que existe, nunca nos comovemos. As quimeras enfeitam os objetos reais e, se a imaginação não soma algum encanto ao que nos impressiona, o estéril prazer que então recebemos limita-se ao órgão e sempre deixa frio o coração. (Jean-Jacques Rousseau, *Emílio ou da educação*, pág. 202, 2014)

De acordo com o que nos escreve Rousseau, é preciso que mantenhamos acesa a chama da capacidade que temos de nos comover e, essa comoção, nos dias de hoje e de acordo com o estágio evolutivo da humanidade, não está mais no campo do materialismo, mas sim no campo do que a ciência chama de *antimatéria*, de corpo bioplasmático, e do que ela caracteriza como sendo algo que ainda não é aceito por todos.

O que podemos apreender desta citação do renomado filósofo é que o que fica subentendido como acreditar no que não existe refere-se à percepção que devemos ter em desejar ver o que pode tornar nosso coração ardente, o que nos faz lembrar o encontro de Jesus com os discípulos em *Emaús*, que, enquanto o Cristo vos falava, os seus olhos estavam como que fechados, e, logo depois que o Mestre vos abriu os olhos e eles o reconheceram, disseram um para o outro: *Porventura não ardia em nós o nosso coração quando, pelo caminho, nos falava e nos abria as escrituras?* Esta é a compreensão no que concerne em enxergar não apenas o que existe, no que estimula apenas nossos órgãos, mas, sobretudo, no que aquece nosso coração.

As coisas da matéria atingem nossos sentidos; já as coisas do espírito aquecem e remexem o nosso coração. Se nos concentrarmos apenas no que existe, ou seja, na matéria, como nós a concebemos neste patamar de evolução e mundo em que vivemos, estaremos negando a nós mesmos as maravilhas que aquecem e tocam o nosso coração, as coisas ligadas ao espírito. Dentre o que aquece o coração, está a reencarnação, que, trazendo o alento para a alma, aquece e move seu coração a viver do espírito e pelo espírito, uma vez que nos lança em um mundo sutil, etéreo, e do futuro, que é onde estão as riquezas prometidas pelo Messias Salvador.

A reencarnação é a lei universal que toca e aquece nosso coração na medida em que nos traz o conforto de que a dor de hoje é decorrente da falta de amor de ontem, e que, amando hoje, amanhã será bem melhor. A reencarnação é a porta aberta deixada por Deus, que é infinitamente bom e misericordioso. Ela é o espelho que nos mostrará uma nova face, um novo eu, um novo homem, que, ligando seu passado ao presente, construirá um futuro limpo e moralmente correto.

No entanto, é preciso que deixemos que essa maravilhosa dádiva do Pai chegue aos nossos corações, no sentido de aceitá-la e conhecê-la a fundo, pois, não somente a cobrança será maior para aqueles que mais conhecerem, mas, sobretudo, a herança será igualmente proporcional ao seu conhecimento e adiantamento, no que concerne à observância e vivência dessa magnânima e incomensurável lei divina.

A reencarnação é aceita à medida que o homem abandona o que o materialismo não pode mais sustentar e defender, deixando o campo aberto para as observações de questões mais sutis e profundamente arraigadas no ser. A reencarnação faz parte da vida do homem, que, assim como ele, é bem percebida na eternidade.

146 | Cícero Alberto Nunes

Este fato encontra razoabilidade quando refletimos mais uma vez o pensamento de Sócrates: *Se a vida vem da morte, há vida com a morte*, ou seja, o viver é apenas um intervalo intercalado entre dois pontos de uma existência, deixando sempre acessíveis os polos que condensam este intervalo, o que se comprova por meio da maiêutica socrática e as reminiscências platônicas.

Em sua obra O *tempo em Platão e Aristóteles*, Remi Brague nos dá uma ideia da reencarnação como continente cujo conteúdo expressa-se na fuga da cidade à qual os filósofos chamam de ilha dos bem-aventurados. De acordo com o autor:

> Os filósofos não consentem em se ocupar da política, pois eles julgam já estar nessas ilhas, e os filósofos-reis da Callipolis só emigram para lá quando a morte os livrou radicalmente da cidade, ainda que essa cidade seja a melhor que haja. O governo, um de cada vez, reproduz em um nível mais alto o ciclo das reencarnações. A maneira pela qual se é libertado de um correspondente, à maneira pela qual se é subtraído da outra – por meio de um rapto, um sequestro divino, um arrebatamento. (Remi Brague Apud Platão, O *tempo em Platão e Aristóteles*, pág. 103, 2006)

A filosofia, brilhante em suas considerações, reflexões e análises, sobretudo quando apresentada por expoentes como Pitágoras, Sócrates, Platão e Aristóteles, dá-nos um sabor todo especial quando nos debruçamos sobre assuntos relacionados com a imortalidade da alma e suas migrações no campo da eternidade. Os filósofos, sobretudo os mais notáveis, sempre se colocaram além da vida e do tempo.

Um grande exemplo vem daquele que se tornou referência para todo o mundo: Sócrates. Havia em seus discursos, sempre cheios de alegorias e lições, uma maravilhosa exaltação à alma em detrimento do corpo. Segundo Sócrates, a alma transcendia a tudo o que o corpo clamava, devendo a vida ser vivida para a eternidade e não para a temporalidade. O filósofo considerava a vida material uma prisão para a alma, que dela ansiava deveras por sua libertação, mas que essa libertação só acontecia de fato quando ela (a alma) conseguisse evitar a roda dos nascimentos, que, segundo Platão, reproduzindo certamente as ideias do seu mestre, ocorreria com a busca do *Belo*.

Para esses filósofos, viver terrenamente é um mal necessário, mas que, na medida do possível e do próprio esforço humano, deve-se distanciar-se das idas e vindas do espírito, que, no insucesso de suas investidas, acabam por prender-se ao que há de mais baixo e pesado, impedindo que ele se eleve e plaine no infinito. Segundo Sócrates, as falhas humanas são para a alma como pesos que a atraem ao chão, tornando-a mais pesada e impossibilitando-a de elevar-se aos planos mais elevados, o que demonstra o grande apego dos homens às coisas terrenas.

Uma alegoria que podemos utilizar é o que acontece com a borboleta. Na sua infância existencial, como lagarta, seu peso e seus hábitos a prendem ao chão, obrigando-a a rastejar em um corpo pesado. No entanto, quando muda de corpo, conquistando a leveza do ser, ela, agora borboleta, ganha o céu como limite e pode ir para onde quiser sem maiores obstáculos. Assim é a alma: quando está rastejando na arena terrena, com seu corpo pesado por conta das suas imperfeições, padece como bicho rastejante e sofre todas as vicissitudes de uma existência arduamente terrena.

Porém, à medida que muda seus hábitos, à proporção que vai moralmente se elevando, seu corpo espiritual vai, a cada estágio de elevação, ganhando mais leveza, e suas potencialidades vão aumentando. Essa evolução torna o perispírito mais sutil, o que melhora o controle das sensações e sentimentos, erradicando paulatinamente as necessidades de um corpo mais material e grosseiro.

A forma lógica e coerente para a evolução da alma, como bem diz Platão, é quando ela vai em direção ao Belo e busca viver do Belo e para o Belo. Para que isto aconteça, é necessário que conheçamos a lei universal da reencarnação. É por ela que entendemos todas as situações pelas quais passamos, dando à nossa existência uma maior magnitude, pois, sabendo que não somos de hoje e sim de ontem, viveremos para o futuro e não para o presente unicamente. A grande importância de interligar o passado, o presente e o futuro está na possibilidade de conhecer as nossas inferioridades, fazendo as correções que precisamos fazer. Nesse aspecto, não apenas nele, a reencarnação assume papel relevante, pois nos dará a sabedoria de corrigir os erros do passado, que nos são apresentados pelas circunstâncias e intuições.

A filosofia oferece um leque deslumbrante de construções intelectuais acerca das questões relacionadas com a alma e as suas andanças pelo continente da eternidade. O modelo de discussão kantiano convida-nos a descobrir o véu da cortina e olhar para o que há por trás dela, o que mudará significativamente nosso pensamento e as nossas atitudes perante a vida e seus mistérios. Por enquanto, muitos de nós estão posicionados à frente da cortina, sem querer estender o braço para vislumbrar as benesses do que nosso Criador construiu para auxiliar nossa caminhada e retorno a Ele.

Muitos pregam ferrenhamente contra a reencarnação. No entanto, estão eles pregando contra si mesmos. Nietzsche, em um de seus axiomas, enuncia: *A mentira mais comum é a que um homem usa para enganar a si mesmo.* Muitos dos homens de outros e do nosso tempo sustentaram e sustentam a mentira que criaram para si e para os outros, a de que a reencarnação não é um princípio divino, tentando, inclusive, retirar o assunto das escrituras bíblicas. No entanto, o insucesso desses mentirosos fez com que, nos próprios livros sagrados, tanto do Antigo como do Novo Testamento, encontrássemos relatos e ideias reencarnacionistas. Mentir acerca da reencarnação significa negar alento para si mesmo, negando que o sofrimento é o fim e não pode, em hipótese alguma, ser o começo de uma nova etapa da existência humana, que, longe de ser única, é múltipla. É preciso enxergar a vida pela lente reencarnacionista, pois, só assim, poderemos entender que todos os sofrimentos são necessários, ou porque os buscamos na presente existência ou por tê-los buscado em existências anteriores. De uma forma ou de outra, precisamos encará-los como um reajuste entre nós e a lei, entre nós e nossa consciência. É preciso ainda vê-los como lições das quais devemos tirar o máximo de proveito possível.

A respeito do fim não ser o que parece ou o que dizem ser o ponto final, mas sim o recomeço, Allan Percy, em sua obra *Nietzsche para estressados*, escreve:

> Mesmo os momentos mais duros da vida, como quando sofremos uma terrível perda, são portas abertas em direção a algo que precisamos conhecer. Se tivermos consciência de que todo fim é ao mesmo tempo um começo, a dor e o possível sofrimento serão para nós uma escola que nos permitirá entender mais profundamente o que significa ser humano. (Allan Percy, *Nietzsche para estressados*, pág. 26, 2011)

A nossa existência humana é repleta de situações e transformações que nem mesmo nós conseguimos explicar sob a ótica de uma existência apenas. Nas palavras de Percy, o fim não representa o ponto final das situações pelas quais passamos e, por que não dizer, a extinção dessa existência não significa o fim de uma vida, mas o começo de algo que nós precisamos viver ou aprender, uma vez que, neste mundo, tudo serve de aprendizado. Nele estamos matriculados para realizar nossos estudos práticos e executar as lições que nós mesmos aprendemos antes de vir para cá.

Quando o autor escreve que todo fim é ao mesmo tempo um começo, pensemos na nossa vinda para este plano e no nosso retorno para o plano espiritual. Quando tivermos de partir daqui, pela decrepitude e falência do nosso corpo biológico, poderíamos pensar, caso não fossem os conhecimentos da reencarnação, que tudo haverá de acabar, que tudo terá um fim. No entanto, graças ao entendimento dessa gloriosa lei universal, devemos pensar que uma nova jornada se lançará à nossa frente, tão logo estejamos aptos a dar o primeiro passo para o recomeço, isto é, quando formos tocados pelo arrependimento. Este, quando estivermos nas zonas trevosas, plasmadas por nós mesmos, em face da nossa conduta moralmente perecível, será um alento e um sim a Deus, para um recomeço de amor e perdão. Então, o que parece um fim, para aqueles que não conhecem a reencarnação, é na verdade um recomeço repleto de luz e de novas oportunidades.

Capítulo 20

Reencarnação e escola

QUANDO SE CONHECE A reencarnação, aproveita-se mais ainda as oportunidades na escola da Terra, pois bem sabemos que aqueles que abusarem da lei universal da reencarnação poderão não alcançar no tempo determinado por Deus para a evolução da humanidade e do próprio planeta, ficando de fora, temporariamente, da colheita ou da herança prometida e anunciada pelo Cristo.

Mais uma vez dizemos: todos os homens que desperdiçarem tempo e reencarnações, serão enviados, quando o planeta tiver alcançado seu ponto máximo de evolução, para escolas compatíveis com suas características morais, onde, segundo as próprias palavras do Cristo, haverá choro e ranger de dentes. No entanto, esses filhos não estarão órfãos: o Pai celestial continuará cobrindo-os com Suas dádivas, esperando pelo arrependimento, pois, como mencionamos anteriormente, o Criador não fecha jamais a porta ao arrependido.

Assim, esses filhos considerados rebeldes terão de reaprender numa atmosfera mais adversa, pois o planeta para onde irão é bem mais atrasado do que aquele que conheceram. É como se a dor fosse maior na sua nova morada, pois, se eles aqui na Terra não evoluíram pelo amor, nem pela dor, serão novamente experimentados pelo amor e, caso não ouçam, pela dor, que, diga-se de passagem, será mais incisiva e os atingirá mais duramente, pelas próprias condições da sua nova morada.

Dessa forma, quanto mais cedo aceitarmos essa lei divina que rege a todos, quanto mais cedo conhecermos essa dádiva do Pai, mais rápido estaremos vivendo de acordo com suas prerrogativas, observando, sobretudo, a lei de causa e efeito, que, para melhor entendimento, é conteúdo da lei universal da reencarnação. Esta é universo aberto para entendimento de todas as questões que nos envolvem, desde as mais venturosas às mais dolorosas, pois, é por meio do que passamos hoje e das viagens que fazemos no circuito da eternidade que rumamos ao conhecimento de nossas fragilidades e potencialidades, que estão vivas em nosso passado existencial, o que Freud chamou de inconsciente.

Algumas lembranças passadas, que, em determinadas circunstâncias, nos chegam por meio, sobretudo, do auxílio dos mentores espirituais, são obra da própria lei divina, que, de forma auxiliadora e consoladora, possibilita-nos receber, no subconsciente, alguns aspectos mínimos que, vivenciados no passado e chegados ao presente por meio de fecundações do inconsciente profundo, permitem-nos refletir posturas do presente que poderão nos desencaminhar.

Entretanto, para os desencarnados, a lembrança mais ou menos vivaz de um passado existencial está na relação direta com a sua evolução moral e intelectual, ou seja, quanto mais imperfeito o espírito, mais dificuldades encontrará para lembrar-se de aspectos do passado. Todavia e no geral, quando o assunto são as lembranças de vidas passadas, na condição de encarnados, devemos entender que o véu do esquecimento é uma dádiva da Criação, pois, uma vez estando no nosso melhor momento evolutivo (Emmanuel), tais lembranças seriam, para nós, causa de dor e sofrimento.

Não obstante, há que se dizer e repetir, por questões pedagógicas, que, em circunstâncias especiais e de extrema necessidade, lembranças de uma vida anterior podem sair do nosso inconsciente profundo e migrar para nosso subconsciente, com vistas a auxiliar a nossa jornada. Porém, essa fecundação da mente de relação pela mente de profundidade ocorre de forma a não nos causar consciência do que está acontecendo, ou seja, são lampejos de situações de encarnações transatas que nos chegam por meio de intuições.

Como bem se vê, a reencarnação é uma dádiva incomensurável do Criador para Sua criatura, bastando, apenas, que o homem aceite que é de ontem e não de hoje, pois a sua aceitação o colocará na dianteira da marcha rumo ao progresso da humanidade. Aceitando ou não a reencarnação, o homem é regido por ela e, navegando em suas águas sem consciência, ele não irá mais além do que um viajor iria sem bússola em uma terra desconhecida. Não aceitando e não conhecendo a reencarnação é como se estivéssemos navegando sem rumo por correntes marítimas que não sabemos para onde seremos levados.

Viver sem provar do alento do conhecimento da reencarnação é semelhante ao homem que caminha por terras desconhecidas sem um instrumento de orientação, desperdiçando tempo e energias, rodando muitas vezes em círculos e, sobretudo, passando por onde já passou. Por isso, o conhecimento da lei universal da reencarnação é extremamente necessário, pois ajudará o homem a guiar seus passos nessa importante jornada ao progresso moral e intelectual da humanidade. Eis uma das grandes contribuições da ciência espírita: como bússola, ela guiará a humanidade às lides venturosas.

A reencarnação é percebida pela humanidade, desde os tempos mais remotos, pelos povos de todos os quadrantes da Terra, organizados ou não, pois as suas ações nesse campo, embora apresentassem arranjos inacabados, remetia-os a esse desafio. Seria como se a percepção da reencarnação pelos povos antigos fosse de forma distorcida. Porém, essa distorção deve ser vista como uma etapa da construção do conhecimento. Se pensarmos nos egípcios como um dos povos que tiveram essa percepção, entenderemos que eles, independentemente das verdadeiras razões de estarem no planeta Terra, deram grande contribuição para o despertar e o entendimento da lei da reencarnação em nosso trajeto pela eternidade.

É sempre assim. O que parece ser acidental é, na verdade, um edifício engenhosamente elaborado, pois os povos adiantados intelectualmente, mas não moralmente, quando trasladados para planetas mais atrasados, acabam contribuindo com o avanço desse orbe, no seu processo de desenvolvimento intelectual e humano. E, após um certo espaço de tempo, contribuirão também para o seu progresso moral.

Dentre os povos mais adiantados de um determinado planeta, há aqueles cuja moral ainda não atingiu um nível de desenvolvimento elevado, como é necessário alcançar. Eles vivem no progresso, conhecem as leis de convivência mútua, mas não as aceitam, apresentando, assim, um desenvolvimento parcial, pois a condição para a emancipação do espírito é o desenvolvimento tanto intelectual quanto moral.

O homem não pode evoluir apenas intelectualmente, pois, se assim o faz, sua inteligência servirá de meio para que ele abuse de seus irmãos e encontre uma falsa alegria nos caminhos do mal. Dessa forma, quando um grupo de homens não acompanha a evolução do planeta, e este alcança sua máxima evolução, esses homens que não evoluíram junto com o planeta não terão reunido condições perispiríticas compatíveis com a evolução do orbe. Assim, seu perispírito fica em uma condição de incompatibilidade com um plano mais evoluído.

Por isso é que o Cristo fala que aqueles que não praticaram a caridade, portanto, o amor, deverão ir para as trevas exteriores. Aqui, entretanto, não devemos imaginar que o Salvador estará expulsando seus irmãos da Terra renovada. Mas entender que espíritos atrasados, vibrando em padrão diferente do planeta, não podem permanecer no orbe renovado. As incompatibilidades são não apenas de vibração energética, mas do próprio fluido.

Lembremos mais uma vez da borboleta. Os corpos daqueles espíritos que ficarem no orbe terreno, ao término dessa etapa evolutiva, serão mais sutis e menos densos, acompanhando, assim, a eteridade do planeta. A conquista dessa sutilidade e da diminuição da densidade do corpo perispirítico do espírito é produto de uma batalha árdua que ele mesmo travou contra suas imperfeições; logo, aqueles que não saíram vitoriosos, não poderão ver seus corpos perispiríticos transformados, criando assim uma incompatibilidade com a atmosfera da nova Terra.

Não obstante, os que irão para as trevas exteriores não ficarão órfãos; apenas irão viver numa escola onde os níveis de vibração são compatíveis com os seus. Foi isso o que sucedeu aos espíritos que constituíram o grupo dos Árias, a civilização do Egito, o povo de Israel e as castas da Índia. Povos que, expatriados de sua terra natal, renasceram no planeta Terra, que, em comparação com as condições de seu mundo, apresentava condições de inferioridade e primitivismo. No entanto, acolhidos em uma escola de atmosfera mais primitiva, aqueles que deram contribuições para a evolução moral e intelectual deste orbe alcançaram condições de melhoramento e evolução de seus perispíritos, criando assim um reajustamento entre si e seu orbe de origem.

É nessa vertente que devemos pôr em aplicação o conhecimento reencarnacionista. É por meio da ciência dessa majestosa lei que teremos a certeza de que estamos vivendo em uma de tantas existências necessárias ao nosso aperfeiçoamento intelectual e moral, e que, cônscios disto, devemos pautar cada uma dessas existências no cumprimento das lições, cujo mestre é Jesus Cristo.

Para se entender melhor o grau de contribuição que os egípcios deram ao desenvolvimento do planeta Terra, vale a pena conhecer e entender o Papiro de Anana, vizir e escriba do faraó Sethi II. Esse documento, conforme o fragmento abaixo, é a representação das inúmeras contribuições que os egípcios deram para a dilatação do assunto reencarnação ao longo do tempo. De acordo com o documento:

> Os homens não vivem somente uma vez, partindo em segunda para sempre. Eles vivem numerosas vezes e em numerosos lugares, embora não seja sempre neste mundo. Entre duas vidas, há um véu de obscuridade. A porta abrir-se-á no fim e nos mostrará todas as câmaras que nossos passos atravessaram desde o começo. (*Do papiro de Anana, vizir e escriba do faraó Seth II* (1320 a.C.))

Como bem vemos, a reencarnação não é algo aleatório, criado pela imaginação humana. Os próprios egípcios relataram em seus estudos que a reencarnação era percebida, principalmente, durante a infância. As crianças são as principais testemunhas da reencarnação, pois algumas delas oferecem testemunhos importantíssimos e dão relatos claros e reais de suas vidas anteriores.

Os fatos mencionados por algumas crianças, que serviram de

REENCARNAÇÃO – A JUSTIÇA DE DEUS | 157

estudo para muitos pesquisadores da reencarnação, como o Dr. Ian Stevenson, que dedicou décadas de sua existência, e o Dr. Hernani Guimarães Andrade, aqui, no Brasil, entre outros, têm sido encarados de forma cada vez mais científica por outros estudiosos, sem que tenham a necessidade de serem ou não espíritas, como foi o caso do Dr. Stevenson. Portanto, essa questão transcende os círculos espíritas, tornando-se cada vez mais comum entre pesquisadores e cientistas que se consideram, em alguns casos, céticos. As investigações desses homens, por isso mesmo, dão substância ao assunto, pois suas ações são desprovidas de qualquer caráter corporativista.

De acordo com o Dr. Hernani, as crianças representam o grupo mais próximo dos eventos que se verificaram no passado. Em seu livro *Reencarnação no Brasil*, o pesquisador elucida que o tempo médio de vida na erraticidade é de 250 anos, mas que um espírito pode reencarnar após dois, três ou quatro anos após haver desencarnado. Mas há também casos de espírito que passa mais de mil anos entre uma encarnação e outra. E mais: segundo o ilustre pesquisador, há casos de reencarnação imediata. Todos esses casos que fogem à média aproximada de 250 anos encontram-se no conjunto das especificidades e raridades, conforme os propósitos da Espiritualidade e do próprio reencarnante. Para o Dr. Hernani, a fase em que a criança pode falar sobre sua vida passada é durante o terceiro, quarto ou quinto ano de vida. E que isso pode acontecer naturalmente.

Outros pesquisadores corroboram os resultados de Stevenson e Hernani, a exemplo de Dora Incontri, no Brasil, e o sucessor de Stevenson, nos Estados Unidos, Jim Tucker. E muitos outros, de áreas diversas, buscam explicações para o que até agora a ciência não podia explicar. A reencarnação, assim, tem sido a peça do quebra-cabeças que a ciência desconhecia, ou não queria considerar, para a montagem do grande mosaico da vida humana. Tudo que era considerado obscuro ou sem explicação ganha uma garantia de entendimento por meio da reencarnação.

A reencarnação é a perspectiva de entender os males pelos quais a humanidade passa; é a resposta para os padecimentos e dores que cada homem vive, independentemente de classe social, etnia e gênero. Onde quer que haja homens, há as situações das mais diversas e adversas possíveis, e, se não for pela reencarnação, estes homens ficarão sem respostas e não entenderão os propósitos de Deus em suas existências.

A pluralidade das existências serve não apenas para que se compreenda os males coletivos, aqueles em que um pequeno ou grande grupo está envolvido, bem como as individualidades que somos. Explica o porquê de sermos tão distintos, uns sofrendo mais que outros. Somos diferentes dentre todos os habitantes do orbe em que vivemos, sem que sejamos iguais a qualquer um dos que estagiam na escola Terra. Cada qual é uma individualidade. Pela reencarnação nos conheceremos melhor, identificando-nos com determinadas circunstâncias e lugares, com determinadas pessoas.

Também por conta da reencarnação, o oposto também acontece. A reencarnação, como já falamos, é o espelho que mostrará nossa face, nossa identidade, nossa individualidade física e moral, possibilitando-nos um melhoramento cada vez maior do nosso ser. Somos espíritos em construção. Mas para saber que tipo de tijolo usar na construção do nosso edifício moral é preciso conhecer a nós mesmos, como bem diz o sábio da antiguidade. A reencarnação é o meio pelo qual enfrentamos nossos maiores temores e defeitos, nossos maiores erros e descasos. Pela escola das vidas sucessivas adquirimos forças e potencialidades, vislumbrando assim um futuro melhor para nós mesmos e para a humanidade em geral.

Capítulo 21

Reencarnação e o despertar da consciência

A REENCARNAÇÃO É O entendimento para todos os mistérios que nos cercam, tanto os de caráter humano, como os de caráter divino, no que concerne aos propósitos de Deus para nós. Ela é como vários rios que, correndo em nossa direção, irá nos cobrir com suas águas diversas e repletas de vida, que, tão logo nos cubram, deixarão em nós fecundidade e plenitude. Esta fecundidade fará de cada homem um ser mais forte e mais pleno, transformando-o em grande e frondosa árvore, sob a qual muitos viajores encontrarão descanso e frescor.

É a riqueza presente na pluralidade das existências que possibilita aos filhos de Deus a metamorfose interior, em que a árvore estéril, sequiosa e lânguida, torna-se rico, vital e jubiloso lenho. Essa grande metamorfose nos tornará homens mais justos, sóbrios e pacíficos, em torno dos quais outros se juntarão em busca da fraternidade ensinada pelo Cristo.

Entretanto, sobre a analogia anterior, das várias águas que correm em nosso rio, nos enchendo de vida plena, Rousseau interroga:

160 | Cícero Alberto Nunes

Mas estaríamos raciocinando bem se, do fato de ser da natureza do homem ter paixões, concluíssemos que todas as paixões que sentimos em nós e vemos nos outros são naturais? A fonte é natural, é verdade, mas mil riachos estranhos somaram suas águas à dela; é um grande rio que se engrossa sem parar e no qual com dificuldade encontraríamos algumas gotas de suas primeiras águas. (Jean-Jacques Rousseau, *Emílio ou da Educação*, pág. 202, 2014)

Nas palavras do grande filósofo, há duas considerações a se fazer. Uma, no que concerne aos riachos estranhos, que podemos entender que sejam os traços que entram na constituição do caráter humano, que o próprio homem desconhece. Outra a que concerne às dificuldades encontradas pelo próprio homem para entender suas origens. Essas questões nos remetem à necessidade que o homem tem de buscar um entendimento maior para suas questões. O conhecer e o saber acerca da reencarnação são a estrada pela qual ele deve trilhar.

Sem o entendimento da reencarnação ficaremos todos sem conhecer quais águas se misturam às nossas no curso da nossa vida. Sem a reencarnação, torna-se impossível descobrir as paixões que trazemos conosco e o que elas representam de fato para nós. Toda e qualquer mudança no presente depende da análise do passado, que, na forma de inconsciente, mergulha no consciente, dando assim uma ideia de quem nós somos e fomos de fato.

Nesse sentido torna-se urgente entender a reencarnação, pois, não se pode entender a nós mesmos sem a chave das vidas sucessivas, conjugando nosso passado e o nosso presente. A partir deles é que encetaremos um futuro moralmente imperecível. E o entendimento do passado reflete-se nas inclinações de simpatia por algumas pessoas, como também pelas ondas de antipatia que nutrimos por outras. Os pendores naturais por determinada ciência ou arte, bem como a queda por um ou outro tipo de vício.

Para que possamos entender a pluralidade das existências é preciso que nos despojemos de todos os preconceitos e anátemas que os cegos de nascença aplicam a essa lei majestosa e magnânima da Criação. Reencarnar, portanto, significa não apenas reentrar na carne, reaver um corpo novo para uma nova existência, mas, sobretudo, merecer e receber a misericórdia do Pai Celestial, que é infinitamente bondoso.

Com a reencarnação o Criador deixa a porta aberta ao arrependimento. Como um bom Pai não quer que o filho sofra para sempre, mas que este repare todas as suas falhas e regresse ao lar, a reencarnação é o Bom Pastor que, vendo desgarrar-se uma ovelha do seu rebanho, chama-a de volta ao aprisco. De cem ovelhas, ele deixará noventa e nove para buscar uma que tenha se perdido no caminho.

Na condição de Bom Pastor, Jesus veio anunciar a Boa-Nova. Veio falar das coisas dos céus, da vida futura e das coisas do espírito. Essa boa-nova representa o despertar para o conhecimento da lei universal das vidas preexistentes e reexistentes, que, longe de ser um dogma, como bem diz Hernani Guimarães Andrade, é uma lei divina, uma dádiva de Deus para a humanidade, pois somente por meio dela conseguiremos atravessar e superar os diversos estados de ignorância e adquirir um estado consciencial de esclarecimento e elevação intelecto-moral.

Não há, como já dissemos, compreensão da realidade sem que passemos pela porta da pluralidade das existências. Todos nós, independentemente de nossas condições materiais, estando em uma vida material abastarda ou em uma de pobreza extrema, teremos que ser tocados, despertados, por esse majestoso conhecimento.

162 | Cícero Alberto Nunes

Alguns de nós estão mais abertos a esse conhecimento pela porta da mente, ou seja, pelo uso da razão. Por outro lado, há outros que se encontram num estado mais receptivo pelo coração. Não obstante, é preciso que se diga que razão e emoção são dois sistemas que se interligam, uma vez que as faculdades da razão e da emoção também estão conectadas. Alguns se deixam tocar mais por uma que por outra.

A ideia da pluralidade das existências, com outra denominação, sempre esteve junto à humanidade, pois desde cedo o homem, alcançando o mínimo de razão possível, passou a conviver com questões que, a priori, não alcançava entendimento, o que lhe causava uma certa tortura. Entretanto, tão logo a razão no homem ia amadurecendo, essas questões iam sendo dilatadas, ao passo que outras iam surgindo.

Em relação a essas questões, vejamos o que encontramos na obra *Kant e o kantismo – Heranças interpretativas*:

> A razão humana, num determinado domínio dos seus conhecimentos, possui o singular destino de se ver atormentada por questões que não pode evitar, pois lhe são impostas pela sua natureza, mas às quais também não pode dar resposta por ultrapassarem completamente as suas possibilidades. (A VII). (Aparecida e Rancan Apud Kant, *Kant e o kantismo – Heranças interpretativas*, pág. 60, 2009)

Na citação acima podemos considerar que a razão humana torna-se alento para o homem, à medida que este encontra respostas às dúvidas e interrogações que o sufocam. No entanto, torna-se agito para sua alma quando é levado naturalmente à reflexão de questões cujas respostas não encontra. Longe de ser uma hipótese ou mais uma invenção do *cogito* humano, essa questão é uma realidade deveras consistente na romagem humana. Durante todo o processo de desenvolvimento da humanidade, questões como estas se colocaram entre o ser humano e a sua existencialidade, o que nos permite asseverar a veracidade dos fatos.

Contudo, esse pensamento encontra em sua forma um discordante, quando analisamos os mais diversos avanços do pensamento humano. Não apenas no campo científico, mas também no religioso e, principalmente, no filosófico, o homem tem alcançado respostas e reflexões que, em alguns casos, são consideradas além de seu tempo.

O campo religioso é o primeiro a envolver o homem. As concepções do sobrenatural que antes sufocavam o ser com suas incógnitas e mistérios vêm proporcionando, a esse homem, condições cada vez mais reais e complexas acerca das ideias superiores a ele e à vida, como nós a percebemos. Essa nova reflexão, dotada de novos paradigmas religiosos, sobretudo, quando algumas doutrinas consideradas à frente de seu tempo propagam esclarecimentos cada vez mais coerentes e consistentes. Tais doutrinas elevam a condição do *cogito* humano de imaginário e abstrato ao patamar do real e concreto. Essa mudança foi responsável pela saída de Deus da posição de mero expectador, de um Deus ciumento e cruel, para a condição de Inteligência Suprema, onipresente, onisciente, onipotente.

A ciência, por sua vez, tornou-se laica, como o Estado, passando a caminhar sozinha numa estrada insólita, mas progressiva. Dessa forma, os cientistas puderam elucidar várias questões e postular outras tantas, passando da idade da matéria para a idade da *antimatéria,* da física convencional para a física quântica, do tempo de Newton para o tempo de Einstein e do corpo biológico para o corpo bioplasmático. Todo esse caminho delineado pela ciência é hoje uma larga e pavimentada via de acesso para o futuro e, diga-se de passagem, um futuro próspero para a humanidade e, individualmente, para o homem, pois é ele que a cada dia colhe as novas benesses da vida evoluída.

Já no campo filosófico, temos as mais diversas reflexões que impulsionam as mais robustas discussões acerca do passado, presente e futuro da humanidade. Por meio da filosofia é que os homens são tomados por espírito de comoção em face da realidade que a natureza impõe. E, deslumbrados, buscam e alavancam novos pensamentos acerca das questões do homem, de sua natureza, de Deus e do seu destino.

Essas constatações nos permitem pensar o quanto evoluímos, deixando de ser meros expectadores da natureza e dos seus acontecimentos, passando a protagonizá-los, criando assim novas condições de vida e novos *cogitos* para que novas reflexões e questões surjam. E, surgindo, despertem novas análises, o que faz com que nos coloquemos em um círculo ou venhamos a orbitar elipticamente em torno de nossa existência. A filosofia é mestra e aluna desse processo, agindo e reagindo aos impulsos emanados do ser e para o ser.

Em outro trecho, o autor faz uma comparação entre fenômeno e número, entre o *sensível* e o *inteligível*. De acordo com Aparecida e Racan:

> O fenômeno é objeto da sensibilidade, e o número é o objeto inteligível. No entanto, essa distinção não expressa a doutrina do fenômeno e do número na sua forma definitiva. Número significa aqui objeto inteligível. A rigor, na filosofia crítica não se pode falar em objeto inteligível, pois ele é somente o símbolo dos limites do conhecimento humano na esfera da razão especulativa. (Aparecida e Rancan, *Kant e o kantismo – Heranças interpretativas*, pág. 62, 2009)

Essa proposição faz jus ao que encontramos em Hans Küng, quando ele cita a ideia dos livros da vida e da natureza, em que o primeiro é escrito em linguagem bíblica e o segundo em linguagem matemática. Essa assertiva nos conduz ao pensamento de que o inteligível precisa ser interpretado, fazendo com que aqueles, que não entendem a linguagem matemática, possam usufruir dos conhecimentos e encantamentos do que o mundo inteligível pode nos oferecer.

Dessa maneira, o fenômeno mediúnico, na sua superficialidade ou naquilo que é percebido pelo médium, é essencialmente sensível. Já no que tange à sua essência, ou seja, no que ele traduz e traz, só pode ser percebido na apreensão puramente racional, ou seja, na percepção matemática, pois é derivação mais próxima do número 1, como dizia Pitágoras, referindo-se a Deus. Quando nos referimos à reencarnação, por exemplo, dizemos que ela não é um fenômeno para encantar nossos olhos e excitar nosso tato, olfato, audição e paladar; mas, sim, uma apreensão abstrata de uma lei que só pode ser percebida e sentida na eternidade, que matematicamente possui um arranjo e uma compreensão numérica e também é uma das formas mais inteligíveis de compreensão do número 1.

Considerando a história da humanidade e sua caminhada, podemos pensar que, desde cedo, o homem luta por entender aquilo que seus olhos viam e o que a sua intuição lhe dizia. Todas as leis divinas, consideradas naturais, estão escritas na consciência do homem, pois são elas que agem de forma intuitiva para que este homem, desde a sua mais tenra idade no planeta, receba as manifestações existenciais de algo superior a ele.

Analisando o histórico das primeiras manifestações entre homem e poder superior, nós perceberemos que os primeiros que encarnaram neste planeta, ainda na condição de selvagens, mas que podiam perceber a existência de uma força maior, viram na natureza a ação de algo superior a eles e que, para dar forma a essas forças, totemizaram os elementos da própria natureza. Assim, para esses primeiros povos, os selvagens, havia uma pluralidade de forças, que poderiam ser entendidas como deuses, a exemplo do deus da floresta, do deus das águas, do deus dos ventos e assim por diante.

Após as percepções que esses homens fizeram, outros povos dilataram, na medida do avanço de sua razão, a lei universal da reencarnação, entre eles, os egípcios, de quem já falamos anteriormente. Isso nos assegura que, ao longo da trajetória que desenvolve, a humanidade vai sempre buscar o entendimento daquilo que, apesar de chegar por meio de uma simples intuição, está no interior de cada homem, tão forte e sólido quanto sua própria existência.

Toda essa questão, como bem diz Kant, representa movimentos da razão direcionados no sentido de resolver tais questões que nos são lançadas de dentro para fora, em direção ao que nos cerca. É um ímpeto avassalador que nos move e que vem do nosso interior, pois é lá que, como já dissemos, estão escritas as leis divinas.

Querendo entender o que nos rodeia, pois faz parte de nossa caminhada, todos os passos que damos em direção ao futuro representam necessidades interiores, que expressam a lei de adoração a Deus. Portanto, o homem voltará ao Pai. Esse retorno, porém, deve acontecer com o homem em um estado novo, como um diamante lapidado. Ele voltará renovado, intelectualmente e moralmente, livre de máculas e despojado de tudo que o separa de seu Criador.

Mais uma vez dizemos: a reencarnação é uma dádiva para todos; entretanto, a sua compreensão, em um estado transitório, é apenas para os que têm ouvidos para ouvir, olhos para ver e razão para conhecer e entender. Assim, essa condição é, como já dissemos, temporária, uma vez que, sendo uma lei universal, a reencarnação alcançará a todos. Todos a conhecerão, todos a compreenderão e todos viverão de forma a aceitar que esta é apenas uma dentre várias existências.

Capítulo 22

Reencarnação e imortalidade

A LEI UNIVERSAL DA reencarnação representa para todos nós um caminho a seguir, uma forma de entender, aceitar e se ajustar a uma condição na qual estejamos seguindo os passos corretos do Messias. Trilhar nesse caminho, cujos passos que o marcam e o definem são os do Cristo, representa afastar-se de todos os erros e ignorâncias que caracterizaram nossas existências anteriores e que, de certa forma, ainda jazem em nós, no presente. Não aceitar e, sobretudo, anatematizar a reencarnação é como errar um alvo que se quer alcançar, que, independentemente da distância que estamos dele, o nosso objetivo é atingi-lo, mesmo que, para isso, tenhamos que tentar inúmeras vezes.

Na obra intitulada *Reencarnação e imortalidade*, Hermínio C. Miranda nos faz uma alusão à reencarnação como um caminho que todos devemos seguir, mas que alguns preferem trilhar a via mais longa e, por que não dizer, a mais árdua, uma vez que a própria aceitação da reencarnação representa bálsamo nas chagas adquiridas durante a caminhada, suavizando e amenizando as intempéries do caminho. Vejamos o que escreve o autor:

> Mas que haveremos de fazer se alguns companheiros preferem dar voltas, demorar-se pelas veredas, embrenhar-se pelas trilhas? Se não seguem a nosso lado é porque optaram pela via mais longa. Estão apenas adiando o seu próprio encontro com a paz. (Hermínio C. Miranda, *Reencarnação e imortalidade*, pág. 130, 2010)

Além disso, a incredulidade e a ignorância face à reencarnação representam as inúmeras vezes em que erramos o nosso alvo, pois, todas as vezes que deixamos de alicerçar nossos passos nessa rica e consoladora lei, cometemos os mais dolorosos e escabrosos despautérios. Portanto, queiramos acertar nosso alvo tão logo estejamos diante dele, pois assim passaremos para as próximas etapas de nossa estada na escola da vida material grosseira.

Em seu livro acima citado, esse grande pesquisador da ciência espírita relata casos extraordinários em circunstâncias diversas e atores distintos, onde a história da reencarnação recebe várias interpretações. Nele, encontramos a opinião de autores e cientistas céticos, assim como de iguais pessoas que apenas se deixam levar pela ignorância religiosa e falácias humanas.

O autor esclarece de forma lúcida e bem dilatada uma linha progressiva de evolução do entendimento e aceitação da lei universal da reencarnação por muitos, partindo sempre da magnânima contribuição do excelso codificador do espiritismo, Allan Kardec. Para Hermínio, as contribuições de Kardec no século XIX foram grandiosas para a elucidação das questões que envolvem o homem em sua jornada. Além disso, ressalta a generosa oferta que deram, à edificação desse grande edifício que se chama espiritismo, os filósofos Sócrates e Platão, apenas para mencionar alguns dos inúmeros colaboradores.

A filosofia, como mãe das ciências, propõe discussões e reflexões sobre novos paradigmas, o que não deveria ser diferente em

REENCARNAÇÃO – A JUSTIÇA DE DEUS | 171

relação à imortalidade e viagens da alma. Muitos filósofos discutiram a ideia da imortalidade da alma, provocando novos *cogitos* e correlações, semeando o que mais tarde seria considerado, pelo Espírito de Verdade, como as primeiras ideias do espiritismo, fazendo de dois desses filósofos, Sócrates e Platão, os precursores da consoladora e elucidativa doutrina espírita.

A grande contribuição de Sócrates se deu pelo fato de ele ter proposto novas ideias e concepções. E Platão, por ter sido o seu maior discípulo e continuador de suas construções, tendo-se incumbido, inclusive, de deixar registrados os ensinamentos do seu mestre por meio de seus diálogos, como assim o fizeram os evangelistas em relação a Cristo.

Em um de seus diálogos, intitulado *Fédon*, retratando as dissertações de Sócrates, Platão escreve:

> Mas, em realidade, uma vez evidenciado que a alma é imortal, não existirá para ela nenhuma fuga possível a seus males, nenhuma salvação, a não ser tornando-se melhor e mais sábia. A alma, com efeito, nada mais tem consigo, quando chega ao Hades, do que sua formação moral e seu regime de vida – o que, aliás, segundo a tradição, é justamente o que mais vale ou prejudica o morto, desde o início da viagem que o conduz ao além. (Hermínio Apud Platão, *Reencarnação e imortalidade*, pág. 8, 2010)

A dissertação socrática acima, proferida pelo filósofo antes que bebesse a cicuta, e expressa no *Fédon*, por Platão, conduz-nos ao *cogito* de que todo entendimento do que acontece conosco após deixarmos este mundo material grosseiro e ingressarmos no plano espiritual sutil está associado ao modo de vida que levamos na existência anterior e nossa conduta moral enquanto encarnados estávamos, de sorte que, uma vez tendo partido daqui, não resta mais nada a fazer a não ser reconhecer as falhas, arrepender-se e solicitar ao Criador mais uma oportunidade para sanar nossos erros pretéritos.

Do contrário, o que seria de nós? Navegaríamos no mar da escuridão, tragados pelos fantasmas e demônios plasmados em nossa consciência, decorrentes de nossos atos ignóbeis? Estaríamos perdidos no embalar das dores, visualizando as formas--pensamento que foram plasmadas em nossa última existência? Claro que não! A própria História mostra que os homens, principalmente os de gênio, estudando o que lhe está inato e sob latência em seu inconsciente, não concebem o nada nem o fim como futuro para as criaturas que somos, sobretudo quando já se constatou a vida pós-túmulo, abrindo um leque de espaços para se encaixar a peça do quebra-cabeças que faltava: a reencarnação.

Na continuação de sua dissertação, o grande filósofo da antiguidade nos fala por meio de seu mais fiel discípulo:

> Depois de haverem recebido o que mereciam e de terem lá permanecido durante o tempo conveniente, outro guia os reconduz para cá, através de muitos e demorados períodos de tempo. (Hermínio Apud Platão, *Reencarnação e imortalidade*, pág. 8, 2010)

Que maravilhosas lições recebemos do sábio da antiguidade, que, navegando da ilha da antiga Grécia até o porto da contemporaneidade, traz-nos questões tão úteis e esclarecedoras, sobrevivendo ao tempo e atingindo a todos os espaços, haja vista sua consistência e maestral veracidade. Há uma rara felicidade do autor em fazer-se apoiar em ombros tão fortes e fiéis aos propósitos divinos, homens, cuja sabedoria, trazida por outros, igualmente sábios e comprometidos com a verdade, assumiram a grande missão de preparar o terreno e a semeadura para que, mais tarde, Jesus cuidasse da vinha do Pai Celestial, campo no qual Allan Kardec também viria laborar mais tarde.

É divina, para não dizer impressionante, a consonância das

ideias de Sócrates, Jesus e Kardec, por meio da doutrina trazida pelo Espírito de Verdade. Há uma interpenetração e entrelaçamento dos discursos e práticas dessas três correntes de pensamentos e verdades. As ideias são tão jungidas que, apesar das diferenças de abordagens, do tempo e do espaço em que elas foram lançadas aos homens, apresentam uma uniformidade e homogeneidade no que tange à essência.

Não há como negar. A reencarnação como uma lei divina é um fato para os homens, pois, apesar de toda corrente contrária, ela encontra substância nas ideias, experiências e comprovações de muitos estudiosos e cientistas, a exemplo do bispo James A. Pike e das escritoras Sheila Ostrander e Lynn Schroeder. O bispo Pike, representante da igreja anglicana nos Estados Unidos, escreve um livro intitulado *The other side* (O outro lado), publicado em 1968, em que narra as experiências das comunicações pós-morte com seu filho. Apesar de ser desacreditado por seus colegas religiosos, Pike leva adiante suas experiências, recebendo apoio de muitos.

Sheila e Lynn escrevem um livro intitulado *Psychic discoveries behind the iron curtain* (Descobertas psíquicas atrás da cortina de ferro). O livro trata sobre as diversas pesquisas realizadas não apenas pelos russos, mas também pelos búlgaros e tchecos, em 1968, que culminaram com a descoberta científica do corpo bioplasmático e outras nuances da natureza espiritual.

Percebam que esses relatos datam de meados do século passado e que já nos impressionam. O que pensar do que estão pesquisando hoje? A ciência (o corpo de cientistas) não mais está interessada em pesquisas para comprovar a materialidade, como muitos pensam equivocadamente as escolas do simples e puro materialismo. Pelo contrário, ela avança cada vez mais em uma direção jamais imaginada. Isso nos impele a pensar e aceitar que as questões da natureza humana e espiritual, assim como a natureza de Deus e das coisas que estão acima da nossa compreensão, estão por serem desvendadas pelo próprio homem, na sua longa jornada para o progresso intelectual e moral.

Muito embora saibamos que apenas afastamos sutilmente o véu que nos separa da verdade, já conseguimos ver que há algo por trás da cortina, estando no plano da aceitação, imaginando que a verdade está muito aquém de nossas pesquisas e descobertas, uma vez que a sua plenitude está a mundos de distâncias de nós.

Todas essas questões levam ou levarão à aceitação da reencarnação ou se consolidarão com ela. Os estudos realizados nesse campo apresentam propósitos reencarnacionistas, em grande parte; em outra, representam meramente o anseio de alguns cientistas de encontrarem a pedra filosofal da teologia. Em meio a tantas pesquisas e estudos nessa área, não seria difícil imaginar que alguns homens possam usar suas descobertas para fins puramente egoístas, inclusive para fins de dominação.

Sobre essas questões, o livro de Sheila e Lynn retrata muito bem alguns desses propósitos, principalmente quando se trata das descobertas das capacidades psíquicas de alguns médiuns. Vejamos o que escreve acerca do assunto Hermínio C. Miranda:

> Foi na busca de informações do que estão fazendo os cientistas soviéticos que as autoras do livro deram com a legendária figura de Wolf Messing. Esse homem não apenas é capaz de ler o pensamento alheio tal uma página datilografada diante dos olhos, como consegue implantar, nos outros, comandos mentais irresistíveis. (Hermínio C. Miranda, *Reencarnação e imortalidade*, pág. 170, 2010)

Percebam que, enquanto ainda nos mantemos descrentes e

alheios às verdades tão consistentes e sólidas, pesquisadores estão em busca de compreendê-las, não apenas para justificar fatos, mas, sobretudo, para sobrepujar e sobreporem-se a outros homens. O que se apresenta no livro das autoras Sheila e Lynn, citado anteriormente, revela o que já conhecemos pela própria história da humanidade: a de que determinados grupos humanos e de países sempre se veem tentados a usar o conhecimento a serviço da dominação.

No entanto, os propósitos da mediunidade e do conhecimento em relação à reencarnação e à ciência espírita não são esses, mas a santificação do homem e de seus semelhantes. De acordo com Hermínio:

> Na doutrina espírita codificada por Allan Kardec, encontramos estudos metodizados dos poderes psíquicos do homem. Ali está também um excelente plano de trabalho para aqueles que desejarem dedicar-se à exploração do potencial espiritual do homem; mas, para que a finalidade desses estudos seja superior e realmente benéfica à criatura humana, é imprescindível que o pesquisador esteja de fato consciente dos aspectos morais que emergem do seu trabalho. Mais importante do que isso, porém, é que não é o cientista quem decide sobre a aplicação de suas descobertas, e sim os donos do poder temporal, e estes quase sempre dirigindo frias máquinas de trituração para manterem-se no poder e, se possível, ampliá-lo, seja qual for o custo em sangue, suor e lágrima. (Hermínio C. Miranda, *Reencarnação e imortalidade*, pág. 174, 2010)

O estudo das estruturas psíquicas do homem, pelos cientistas, pode apresentar fins que desconhecemos e, ao mesmo tempo, já esperamos que se façam, como é o caso do que subscrevemos anteriormente acerca do conhecimento utilizado para finalidades que caminham na direção contrária à santificação da humanidade. Se esses fins serão ou não corporificados e consolidados, a própria história nos mostrará no futuro. No entanto, temos que admitir que o homem deve aprender a conviver com suas capacidades cada vez mais evoluídas, com a dilatação e a expansão dos seus poderes psíquicos, que se mostrará ao próprio homem, não hoje, mas amanhã certamente, na sua grandeza e totalidade, mesmo na condição de criatura finita e limitada.

No curso do livro de Hermínio C. Miranda encontramos duas posições perceptivelmente contrárias, quando se trata da aceitação e comprovação da reencarnação. Enquanto há cientistas e pesquisadores contrários à lei universal da reencarnação, encontramos um número bem maior de estudiosos que veem na pluralidade das existências o fator de compreensão das questões que não encontramos respostas.

Além disso, vale ressaltar que muitas das teorias que alguns investigadores céticos, em relação à reencarnação propagam, não apresentam a mínima condição de razoabilidade, como é o caso do Dr. Flournoy, que, além de apresentar uma postura mais do que cética, diria, ridicularizadora da ciência espírita e da mediunidade, revela uma concepção totalmente distorcida da reencarnação, bem como, por meio de seus testes, chega inclusive a se apoiar em espíritos igualmente equivocados em relação à lei universal da reencarnação.

O insipiente entendimento da pluralidade das existências é tão grande, que até os espíritos com os quais ele conversa por meio da médium, apesar de se mostrar descrente em relação ao fenômeno, apresentam um total desconhecimento em relação ao assunto, como o caso do espírito que discorreu suas tentativas de reencarnar no corpo de uma criança, achando que deveria ficar próxima dela, para que, tão logo ela deixasse o corpo, o processo de reencarnação acontecesse, com o mesmo corpo.

Mesmo se tratando de um dos inúmeros exemplos de contradições desarrazoadas em relação à reencarnação, ocorridas no final do século XIX, encontramos ainda algumas posições semelhantes no tocante ao ceticismo incoerente e no que diz respeito à concepção distorcida da reencarnação. Não obstante, vale ressaltar que todas as ideias contrárias à lei universal da reencarnação encontram-se não ultrapassadas, mas incoerentemente fundadas em ideias preconceituosas e desconexas com o próprio avanço da ciência.

Contrários a essa posição incoerente, acerca da reencarnação, os estudiosos da referida área procuram consolidar as provas irrefutáveis acerca da pluralidade das existências. Vejamos o que nos escreve sobre essa posição Hermínio C. Miranda:

> Todos os estudiosos da ciência psíquica são unânimes em afirmar a reencarnação, até mesmo como veículo da própria imortalidade. (Hermínio C. Miranda, *Reencarnação e imortalidade*, pág. 11, 2010)

Aqui, não se trata de uma hipótese. O autor é bem claro e objetivo ao afirmar que a reencarnação, para os estudiosos do psiquismo humano, é uma realidade, que, diga-se de passagem, está a cada dia ganhando mais substância e defensores. Não que a reencarnação precise de defensores, pois como lei universal ela foi instituída pelo Criador, mas que é preciso apenas que ela e suas nuances sejam dilatadas para melhor entendimento dos homens. Eis o papel dos pesquisadores e da própria ciência espírita.

O homem sempre precisou e precisará conhecer e entender essa magnânima lei divina, para que seu progresso intelectual não seja dissociado de sua elevação moral. Se o homem emergiu da escuridão da ignorância, rompendo barreiras que antes não vislumbrava, é preciso que esse conhecimento, agora sem tantas barreiras para desenvolver-se; seja revestido de uma moralidade tão arrojada quanto foi a força para desprendê-lo do medievalismo histórico.

> Quando se fizer, no futuro, um levantamento dos grandes equívocos do pensamento humano, um deles avultará de maneira singular entre os maiores: o equívoco que foi abandonar a doutrina da reencarnação. Creio não exagerar ao dizer que larga parte das mazelas que assolam a civilização moderna se deve ao desconhecimento dessa ideia tão simples e de tão importantes consequências morais para todo ser humano. (Hermínio C. de Miranda, *Reencarnação e imortalidade*. Idem.).

Entendendo-se a reencarnação como meio de ir e vir, e que a forma como vamos e como voltamos depende em menor ou maior grau do entendimento dessa lei divina, é imperativo e urgente que busquemos seu conhecimento e entendimento para que nos revistamos de todo conteúdo trazido por ela, para que alavanquemos uma reforma íntima, não apenas de caráter intelectual, mas, sobretudo, de caráter moral. Como assevera Hermínio, grande parte dos padecimentos humanos deve-se à ignorância do homem quanto à pluralidade das existências.

Depreende-se, então, que conhecer a reencarnação é assentar a imortalidade da alma sob a condição de ir e vir, mediante os acertos de contas do que se fez e do que se deixou de fazer. Desconhecer essa lei é viver de forma imprudente, imaginando apenas o hoje, despreocupando-se com o amanhã. O homem que vive apenas para o presente, sem atentar para seu futuro, está construindo uma edificação sem alicerces, pois, ao partir deste plano material grosseiro e ingressar no mundo espiritual, verá ruir e cair por terra tudo o que imaginou, tudo o que pensou. Ele verá suas crenças incoerentes e desarrazoadas implodirem, causando em si grandes tormentos que, agora, atingirão não o corpo biológico, mas sim o seu períspírito.

Capítulo 23

Zöllner, Delanne e Aksakof

A REENCARNAÇÃO É A chave para todos os problemas da humanidade. É ela que dissolve todos os males dos quais o homem se vê envolvido e que lhe trazem tantas dores. Ela resolve o problema do destino e da dor, pois lança luz sobre a escuridão do presente, arrancando o ser de suas mais tenebrosas e dolorosas paixões. Não basta apenas conhecer a reencarnação, é preciso crer. Não basta crer, é preciso aceitar. Não basta aceitar, é preciso tomá-la como a única e verdadeira estrada que nos conduzirá de volta ao Pai, como filhos pródigos que somos.

A aceitação da reencarnação se torna mais lógica e racional quando aceitamos a sobrevivência do espírito após o fenômeno biológico da morte. O raciocínio é claro e objetivo: se aceitarmos que nós somos imortais, que não morremos com a decrepitude do nosso corpo físico grosseiro, certamente creremos que não ficaremos para sempre do lado de lá, que estaremos indo e voltando e, como bem diz Sócrates, estaremos na roda dos nascimentos, o que os hindus chamam de samsara.

Apesar de algumas doutrinas difundirem desde longos tempos a sobrevivência da alma, a exemplo da hindu, da egípcia,

180 | Cícero Alberto Nunes

da islâmica e outras mais, foi objetivo primeiro, daqueles que perseguem hoje a reencarnação, pregar incoerentemente e irracionalmente que a alma não sobrevive, que todos, no dia do juízo final, apenas no fim dos tempos, levantarão de suas sepulturas e os bons irão para o céu eterno, enquanto os maus irão para o inferno eterno.

Por mais arcaicas que sejam e por mais ultrapassadas que possam parecer, sobretudo pelos avanços da ciência nesse campo e pelas demonstrações da parapsicologia, dos resultados da hipnose, do uso do magnetismo e do sono induzido, essas questões ainda são pregadas e os seguidores do cristianismo dogmático ainda as defendem, como um cego a depender de seu bastão-guia.

Para refutar essas ideias contrárias à sobrevivência do espírito, que alguns pretendem justificá-las nos textos bíblicos, é preciso demonstrar que o corpo físico, uma vez morto, falido, biologicamente falando, realmente desaparece por completo, sendo convertido em matéria original e retornando para o universo. Deve-se ainda acrescentar que o espírito, que sobrevive ao corpo, passará um tempo no plano espiritual até que se adquira condições de regressar e, assim, reentrar em sua *samsara*.

Vejamos que, também nos textos sagrados, temos referências à reencarnação, contanto que levantemos o véu da "letra que mata" para ver o seu verdadeiro sentido. Eis, por exemplo, o que encontramos no livro de Jó:

> Os olhos dos que agora me veem não me verão mais; os teus olhos estarão sobre mim, mas não serei mais. Tal como a nuvem se desfaz e passa, aquele que desce à sepultura nunca tornará a subir. Nunca mais tornará à sua casa, nem o seu lugar jamais o conhecerá. (Jó. 7 -p. 8-10. *Bíblia de estudos palavras chave Hebraico-Grego*)

Analisando esses versículos do livro Jó, à luz da lei universal da reencarnação e da certeza da sobrevivência do espírito após a decrepitude e falência do corpo biológico, veremos que os versículos acima tratam de dois corpos, o corpo espiritual, que não fenece, e o corpo biológico, que conhece no alvorecer dos tempos a falência. Para o corpo físico a palavra de ordem é a da natureza, que, ao alcançar o seu fim e, portanto, descer à sepultura, jamais retornará. Ou seja, cada reencarnação, um corpo distinto, preparado e jungido ao espírito no ato da concepção. Já para o corpo espiritual, a palavra de ordem também é a da natureza, numa acepção quadridimensional, que, ao ser criado pela Inteligência Cósmica, foi criado imortal e para viver na eternidade dos tempos.

Daí Jó dizer que os seus não o conhecerão, que o seu lugar não mais o verá e que ele jamais retornará à sua casa, do que podemos entender como o seu corpo físico, pois o corpo biológico, entre tantas outras conotações, pode ser visto como a casa para o espírito. Dessa forma, ao alcançar o tempo final aqui neste planeta Terra, o corpo biológico desaparece e se dissipa como a nuvem. Desce à sepultura para nunca mais voltar.

Já o espírito, imortal, e que existe para todo o sempre, volta ao plano espiritual e, pela misericórdia de Deus, regressa em outro corpo para junto dos seus. Porém, estando em outro corpo, os seus não o reconhecerão. Assim, se aceitarmos que somos imortais e fomos criados por Deus para a eternidade, devemos conhecer e crer na imortalidade e sobrevivência do espírito, que é quem vive de fato. E, acreditando na sobrevivência do espírito após a morte do corpo biológico, teremos que, indubitavelmente, acreditar na reencarnação.

A ciência, digo, um grupo em forte ascensão quantitativa, a seu turno, principalmente após o advento do espiritismo, vem

182 | Cícero Alberto Nunes

buscando elucidar as questões tratadas pelo codificador dessa magnânima doutrina, Allan Kardec. Neste aspecto, podemos vislumbrar vários trabalhos, como os de Raymond Moody Jr., George Ritchie, Alexandre Aksakof, entre outros.

Dessa forma, por meio da comprovação da vida além da morte, como usualmente se convenciona falar, cria-se uma relação estreita e íntima com o pensamento reencarnacionista, colocando a sobrevivência da alma no patamar de questões deveras relevante para a aceitação da pluralidade das existências. E quando os experimentos no campo da sobrevivência após a vida biológico-corporal são dirigidos e realizados no campo da física transcendental, o assunto sai, aos olhos dos mais céticos e materialistas, do campo místico para a esfera científica.

O papel da física, muito embora nos dias de hoje se encontre um número bem maior de físicos que se mostram céticos em relação à sobrevivência da alma, serviu de espaço para corroborar os princípios espíritas contidos na majestosa e consoladora doutrina dos espíritos, mormente nos primeiros tempos que sucederam à codificação.

Entre os trabalhos de grande importância para a ciência espírita, podemos citar o de J. K. Friedrich Zöllner intitulado *Provas científicas da sobrevivência – Física transcendental*. Nesta obra, o renomado autor revela os bastidores de experimentos inusitados e, para a época, singulares na área dos fenômenos mediúnicos. Johann Karl Friedrich Zöllner era professor de astronomia e física na Universidade de Leipzig, membro correspondente da Real Sociedade Astronômica de Londres; membro da Imperial Academia de Ciências Físicas e Naturais de Moscou, membro honorário da Associação de Ciências Físicas em *Frankfurt on Main*, membro da Sociedade de Estudos Psíquicos de Paris, membro da Associação Britânica Espiritualista de Londres.

O alemão Zöllner possuía todas as credenciais para ser um cético de carteirinha. No entanto, todas as honras decorrentes de suas experiências e carreira nas áreas das ciências físicas e naturais conduziram-no ao caminho para o arrefecimento das pesadas críticas não apenas ao espiritismo, mas também ao médium de efeitos físicos Henry Slade, que, vitimado pelos seus opositores, em decorrência de seus trabalhos elucidativos para a comprovação dos princípios espíritas, foi peça fundamental aos estudos de muitos físicos, médicos e naturalistas.

Na obra supracitada, Zöllner realiza, com a participação preciosa de Slade, várias experiências que foram decisivas para a aceitação da ciência espírita por muitos cientistas, filósofos e estudiosos da época. Os trabalhos do renomado autor localizam-se no campo da física e, utilizando-se de pressupostos e leis físicas, comprova a existência de seres inteligentes que habitam o espaço quadridimensional, um mundo em que as leis que permeiam são, por assim dizer, uma aparente supressão da lei de impenetrabilidade da matéria. Nas suas experiências, Zöllner pôde testemunhar as inúmeras ações desses seres e perceber, incrivelmente, o comportamento da matéria ao entrar em contato com os seres quadridimensionais.

Apesar de comprovar, com a ajuda de Slade, a existência de seres imateriais, por meio de algumas leis da física, nas suas mais diversas experiências mediúnicas, na obra supracitada, o autor deixa implícita a sua posição em relação às necessidades que a comprovação acerca do objeto em questão apresentam, levando-nos a depreender que não seriam necessárias todas as comprovações se não existissem tantos céticos e tantos homens descrentes da própria existência humana.

Esse posicionamento do autor fica claro com a citação que ele faz de uma assertiva kantiana. Nessa citação, Immanuel Kant assim assevera:

Eu confesso que me acho muito inclinado a admitir a existência de seres imateriais no mundo e a classificar a minha própria alma nesta categoria de seres. Nós podemos admitir a existência de seres imateriais sem receio de sermos contestados, não obstante ao mesmo tempo sem a possibilidade de provarmos a sua existência pela razão.

Estes seres espirituais existirão no espaço, conservando-se, porém, penetráveis pelos seres materiais, porquanto a sua presença implicará uma força atuando no espaço, porém, não um preenchimento do mesmo espaço, isto é, uma resistência causada pela consistência.

Pode-se aceitar como demonstrado ou poder-se-ia se nós por algum tempo aprofundássemos o assunto; ou melhor ainda, será provado no futuro, não posso conceber onde e quando, que também nesta vida a alma humana se mantém em união indissolúvel com todos os seres do mundo espiritual; que neles produz efeitos e em troca deles recebe certas impressões sem, todavia, ter delas conhecimento, uma vez que tudo se conserve no estado normal.

Seria uma felicidade se tal sistema de estrutura do mundo espiritual pudesse ser deduzido de outra prova além da bastante hipotética concepção da natureza espiritual em geral; pudesse ela, porém, ao menos ser inferida ou então conjecturada como provável resultado de alguma observação geralmente admitida. (Zöllner Apud Kant, *Provas científicas da sobrevivência – Física transcendental*, pág. 35, 1996)

A posição de Kant, em face aos fenômenos de ordem espiritual é que eles não apenas representam um fato, quando se considera a existência de seres imateriais, mas também no tocante ao intercâmbio que há entre nós e eles. O filósofo discorre de forma a prever uma verdadeira proliferação do que na época representava a certeza apenas para um pequeno grupo na Europa e no mundo. O fato anunciado pelo filósofo acabou por concretizar-se, pois não apenas seguidores de diversos credos cristãos passaram a ver os conhecimentos reunidos e organizados pelo codificador

REENCARNAÇÃO – A JUSTIÇA DE DEUS | 185

Allan Kardec como uma revelação feita por Deus, como também muitos cientistas passaram a estudar de forma mais robusta e constante eventos pertencentes ao campo do espiritismo.

É bem verdade que os cientistas são cautelosos e procuram ser imparciais, o que torna os resultados de seus estudos e pesquisas mais sólidos e característicos de uma Nova Era. É bem verdade que os cientistas possuem suas próprias regras e leis que norteiam as pesquisas não apenas nesse campo como em todos quantos eles se debruçam. No entanto, podemos dizer que, apesar de pouco alarde, muitos deles estão debruçados sobre os eventos que ocorrem na quarta dimensão do espaço.

Também é preciso considerar a contribuição daqueles outros pesquisadores que, no quarto final do século XIX, tiveram a grandeza e humildade de analisar os fenômenos estudados à luz da codificação espírita, em meio a críticas pesadas e discriminações. Esses homens de ciência deixaram de lado o temor e a ignorância e marcharam, movidos pela dúvida, rumo aos gloriosos resultados. Não nos referimos às personalidades ligadas ao movimento espírita, como foram Gabriel Delanne e outros, mas também aquelas que, sem vinculação religiosa, adentraram as veredas da Terceira Revelação, com o sincero desejo de conhecer a verdade, sem temer pela própria reputação acadêmica ou os ataques da Igreja.

Neste sentido, homens como Alexandre Aksakof e Hartmann, apesar de não serem espíritas e tampouco desejarem empurrar garganta abaixo a doutrina dos espíritos, escreveram trabalhos sérios e baseados em estudos em suas áreas e ou em estudos de seus interesses, usando sempre a imparcialidade e seriedade, na questão da investigação dos fenômenos mediúnicos, da sobrevivência da alma e das comunicações com os mortos.

De acordo com Aksakof, em seu livro *Animismo e Espiritismo*:

A publicação da obra do doutor Hartmann, sobre o espiritismo causou-me a mais viva satisfação. O meu mais sincero desejo foi sempre que um eminente filósofo não pertencente ao campo espírita se ocupasse dessa questão de uma maneira absolutamente séria, depois de ter adquirido um conhecimento aprofundado de todos os fatos atinentes ao assunto; desejava que ele os submetesse a um exame rigoroso, sem levar em conta as ideias modernas, os princípios morais e religiosos que nos governam; esse exame devia pertencer à lógica pura, baseada na ciência psicológica. (Alexandre Aksakof, *Animismo e espiritismo*, pág. 32, 1890)

A citação acima nos mostra que o papel de alguns cientistas e estudiosos foi decisivo para a elucidação e dissecação das revelações trazidas, via espiritismo, bem como dos dogmas religiosos. O objetivo desses homens ilustres não era bem apoiar o espiritismo ou mesmo derrubá-lo, mas testar seus princípios. Eram assim, portanto, insuspeitos. O meio a que nos referimos aqui, pelo qual os espíritos deram a revelar a sua doutrina, é o que a ciência contemporânea chama de canalização (*chanelling*) ou psiquismo, mas que os espíritas chamam mediunidade.

Capítulo 24

Reencarnação e mediunidade

FOI ASSIM, SERVINDO-SE DE médiuns, que os espíritos ditaram as obras da codificação, nas sessões observadas por Allan Kardec, que também organizou e deu forma aos conteúdos recebidos. Nada foi aceito como princípio sem que passasse por um duplo controle: o da universalidade do ensino dos espíritos e a concordância desses ensinamentos, o que constituiu o método científico adotado pelo codificador. Os homens de ciência queriam, à época, testificar a viabilidade, a seriedade e a confiabilidade desse método. Esse método foi condição *sine qua non* para a ação dos seres quadridimensionais no espaço tridimensional, parafraseando Zöllner.

Assim, intensa foi a participação dos médiuns nos experimentos de toda ordem, ao lado de pesquisadores bem ou mal-intencionados. Os menos preparados e preconceituosos tentaram ridicularizar os ensinamentos trazidos pelos espíritos que compunham a Falange da Verdade. Seus resultados, porém, não foram além das suas ridículas pretensões. Outros, no entanto, isentos de preconceito, puseram-se a observar a fenomenologia espírita e, via método científico, constataram a veracidade daqueles eventos que agitavam a sociedade europeia e também outras partes da América.

Dessa forma, o papel de investigadores científicos e filosóficos foi extremamente positivo sob o ponto de vista elucidativo e comprobatório para o espiritismo e para a humanidade, pois os conhecimentos trazidos por meio dessa tão bem elaborada doutrina representou não uma possibilidade, mas uma certeza das promessas do Cristo e da Misericórdia Divina para a Humanidade, criando assim uma relação entre espiritismo e renovação da Terra.

Acerca dessa doutrina, vejamos o que escreve Ernesto Bozzano, o sábio de Turim, em sua obra *A crise da morte*:

> Esses ensinos espirituais que agora apenas começamos a dar aos vivos constituem uma das muitíssimas coisas a cujo respeito Jesus, o Nazareno, afirmou que "aquela geração e aquela época não estavam maduras para recebê-las". (Ernesto Bozzano, *A crise da morte*, pág. 40, 2015)

Mais adiante, na mesma obra, podemos encontrar mais uma vez o testemunho dos espíritos dando-nos a certeza de que não temos uma única existência, mas muitas, tantas quantas forem necessárias, até que a nossa purificação aconteça e que delas possamos lembrar, a depender do estado de consciência e elevação em que nos encontrarmos.

Vejamos o que nos relata o espírito em questão:

> Coisa singular! Conquanto, à minha chegada no mundo espiritual, tudo o que nele existe me haja parecido tão maravilhoso, experimentei logo a sensação de me encontrar num meio que me era familiar; ou, mais precisamente, de me encontrar outra vez num meio que não era novo para mim. Exprimi esta impressão aos meus companheiros espirituais, e

eles então me informaram que eu recuperaria gradualmente a lembrança de acontecimentos pessoais que se estendem muito para além da minha última existência terrestre, abrangendo recordações de um tempo em que habitei o mundo espiritual, que é a nossa verdadeira morada. Começo, com efeito, a lembrar-me... Não desejo entrar em longa dissertação sobre este tema, mas, bom é que se diga o que daí resulta para mim a tal respeito. É que meus filhos, assim como outros espíritos com os quais tenho tido ensejo de falar deste assunto, me informaram que se lembravam claramente de todas as existências que viveram no planeta Terra. Eu mesma principio a recordar-me das fases de existências encarnadas, anteriores à que acabei anteriormente. Apenas, pelo que me toca, não poderia dizer se essas recordações se referem a vidas passadas na Terra ou em outros planetas do universo. Do que sei com toda certeza é que me achava revestida de um corpo muito semelhante ao corpo velho que acabo de deixar. (Ernesto Bozzano, *A crise da morte*, pág. 112, 2015)

Essas experiências são de extrema importância para os estudos que muitos pesquisadores e cientistas realizam para corroborar ou refutar as bases doutrinárias do espiritismo. Alguns deles, sobretudo nos anos primeiros da codificação, acabaram por corroborar as ideias trazidas pelos espíritos, à medida que, despretensiosamente, analisaram os fenômenos mediúnicos. Apesar de grande número de céticos e descrentes das ideias trazidas, não raro um ou outro filósofo, médico, físico e cientista avaliavam os fenômenos por meio de experiências seriamente acompanhadas e chegavam a um veredito: o anúncio trazido pelo espiritismo fora comprovado, de tese em tese, de método em método, como se deu com os casos das comunicações entre o mundo dos vivos e o mundo dos mortos.

E todas as vezes em que um desses homens notáveis expunha os resultados de seus trabalhos, baseados em métodos científicos, outros, também comprometidos na análise e exame dos fe-

190 | Cícero Alberto Nunes

nômenos, solidarizavam-se e celebravam os resultados alcançados. Nesse aspecto, podemos citar o entusiasmo da doutora em medicina, Elisabeth Kübler-Ross, ao prefaciar o livro *Vida após a vida*, do Dr. Raymond Moody Jr.:

> Tive o privilégio de ler, antes da publicação, uma cópia do livro do Dr. Moody, *Vida após a vida*, e fiquei contente por este jovem estudioso ter tido a coragem de reunir suas descobertas e tornar acessível ao grande público este novo tipo de pesquisa. Como durante os últimos vinte anos tenho trabalhado com pacientes vítimas de doenças incuráveis, tenho me preocupado cada vez mais em encarar o próprio fenômeno da morte. Já aprendemos muita coisa sobre o processo de morrer, mas ainda faltam muitas respostas em relação ao momento da morte e às experiências que os nossos pacientes têm quando se diz que estão clinicamente mortos. A pesquisa, como a que o Dr. Moody nos apresenta no seu livro, é que nos esclarecerá muitas questões e confirmará o que nos tem sido ensinado há dois mil anos: que há vida depois da morte.
>
> Embora o Dr. Moody não pretenda ter estudado propriamente o tema da morte, fica evidente, pelas suas descobertas, que o paciente moribundo continua a ter informação consciente do seu ambiente depois de ter sido declarado clinicamente morto. Isso coincide em muito com a minha própria pesquisa, que utilizou relatos de pacientes que morreram e vieram de volta, totalmente contra nossas expectativas e muitas vezes para surpresa de alguns médicos bem conhecidos, altamente especializados e certamente competentes.
>
> Todos esses pacientes experimentaram o ato de flutuar para fora de seus corpos físicos, associado com uma grande sensação de paz e totalidade. Muitos estavam cônscios de outra pessoa que os ajudava em sua transição para outro plano de existência. A maioria foi saudada por pessoas amadas que tinham morrido antes, ou por alguma figura religiosa que tinha sido significativa durante suas vidas e que coincidia, naturalmente, com suas próprias crenças religiosas. Foi esclarecedor ler o livro do Dr. Moody no momento em

REENCARNAÇÃO – A JUSTIÇA DE DEUS | 191

que me preparo para pôr no papel os resultados de minha própria pesquisa.

O Dr. Moody deve estar preparado para um bocado de críticas, vindas principalmente de duas áreas. Haverá membros do clero que ficarão perturbados por quem quer que ouse pesquisar uma área supostamente tabu. Alguns representantes de uma seita religiosa já expressaram seu descontentamento diante de estudos como este.

Um sacerdote referiu-se a "vender barato a graça". Outros sentem simplesmente que a questão da vida depois da morte deve permanecer uma questão de fé cega, não posta em dúvida por ninguém. O segundo grupo de pessoas do qual o Dr. Moody pode esperar que reajam ao seu livro com preocupação são os cientistas e os médicos que encaram estudos deste tipo como algo "não científico".

Penso que alcançamos uma era de transição em nossa sociedade. É preciso ter a coragem de abrir novas portas e admitir que nossos instrumentos científicos atuais são inadequados para muitas dessas novas investigações. Penso que este livro abrirá essas novas portas para pessoas capazes de manter a mente aberta, e que lhes dará esperanças e coragem de avaliar novas áreas de pesquisa. Elas saberão que este relato do Dr. Moody é verdadeiro, e que foi escrito por um investigador autêntico e honesto. É também corroborado pela minha própria pesquisa e pelos resultados de outros que pensam com seriedade: cientistas, eruditos e membros do clero que têm tido a coragem de investigar este novo campo de pesquisa na esperança de ajudar aqueles que precisam saber mais do que acreditar.

Recomendo este livro a qualquer um que tenha a mente aberta e congratulo o Dr. Moody pela coragem de publicar seus resultados. (Dr. Raymond Moody Jr., *Vida após a vida*, pág. 10, 2013)

Veja-se que as palavras da doutora Elizabeth são palavras de grande satisfação e alegria, pois parece esperar resultados sérios de um trabalho idôneo, realizado por um estudioso de respeitáveis credenciais, como é o caso do Dr. Raymond Moody Jr., parapsicólogo, psiquiatra e filósofo. Nesse momento a recepção dos trabalhos de Moody Jr. representam para a Dra. Elizabeth uma base para suas pesquisas e publicações. Neles, a doutora e pesquisadora vê a corroboração de suas ideias. Esse é mais um dos inúmeros fatos ocorridos em âmbito científico para as questões relacionadas com os princípios espíritas, a exemplo da mediunidade, da sobrevivência da alma, da fenomenologia e da própria reencarnação.

A bem da verdade, devemos esclarecer que a abordagem desse assunto é deveras importante para o entendimento da reencarnação, pois, se a vida continua após a morte do corpo biológico, ela continua em algum lugar e, nesse aspecto, nós podemos explicar o porquê de tantas lembranças que as crianças têm de fatos que não foram vividos na sua tenra existência e o porquê de tanta animosidade e desafetos, na maioria das vezes, entre irmãos e até mesmo entre pais e filhos. Isso explicaria também as discrepâncias na vida das pessoas, quando alguns parecem ter sido privilegiados, enquanto outros parecem ter sido excluídos ou esquecidos por Deus.

Ora, a comprovação, por parte da filosofia e da ciência, da sobrevivência além-túmulo, portanto, da sobrevivência da alma (espírito), remete à questão da reencarnação. Se a prova da sobrevivência era, para os céticos e ignorantes, a pedra de obstáculo para aceitarem a reencarnação, a questão então parece resolvida. Tudo fica posto e arranjado em uma realidade perceptível a todos, mesmo àqueles que não possuem um desenvolvimento cognitivo capaz de dissecar a realidade da reencarnação.

Dessa forma, se os espíritos que se comunicam por meio dos médiuns representam as provas irrefutáveis da sobrevivência além-túmulo, ou como diz o Dr. Moody Jr., por meio de sua obra, *Life after life,* as crianças que apresentam lembranças de existências anteriores, igualmente, representam e asseveram que há vida antes da vida, ou seja, que a entrada nesta existência acontece pelas portas da vida que a antecede. Portanto, todas as experiências que assinalam sobrevivência após esta existência, todas as experiências que relatam lembranças de personalidades anteriores, nas palavras do Dr. Ian Stevenson, são mais do que necessárias para que reconheçamos um *constructo* abstrato, porém real e concreto, que nos envolve e nos permite vivenciar os mais diversos lugares, as mais diversas experiências, nos mais diversos tempos.

Capítulo 25

Reencarnação e origem do Universo

TEMOS QUE RECONHECER E até mesmo admirar algumas das experiências desenvolvidas no período seguido à codificação, sobretudo por terem sido conduzidas de forma imparcial, sem presunção, sem preconceito e, mais ainda, com a certeza de que foram pautadas em métodos científicos e em leis físicas, o que lhes deram maior cientificidade. Podemos dizer, com toda clareza e sem medo de tropeçar em algum irracionalismo, que o espiritismo sobreviveu e passou pelo crivo da ciência, por meio do trabalho de muitos cientistas, pesquisadores e estudiosos. Estes, pertencendo a áreas diversas, como a física, a psiquiatria, a medicina, a psicologia, entre outras, atribuíram-lhe veracidade e caráter de ciência ao meio pelo qual os espíritos ditaram sua doutrina, bem como aos resultados.

É bem verdade que a ciência, como um todo, ainda não vislumbrou no espiritismo uma realidade sólida e existencial, no que tange aos seus postulados. Mas podemos dizer que o campo foi desbravado e a caminhada já começou. As novas pesquisas caminham para tornar palpáveis as revelações contidas no espiritismo, que, diga-se de passagem, foram apresentadas muito antes que fossem pensadas, como é o caso da teoria que explica a origem da vida na Terra, denominada *Panspermia Cósmica*.

De acordo com essa teoria, a vida teria surgido de elementos vitais trazidos de outros espaços do universo. Assim, os elementos que formaram a vida, ou suas bases no planeta Terra, teriam sido trazidos por meteoros ou meteoritos. Os aminoácidos contidos nesses corpos celestes, ao se chocarem com a água aqui no planeta, teriam liberado essas substâncias por meio do processo de hidrólise. Muito embora essa teoria tenha sido combatida ferrenhamente no final do século XIX, há quem afirme ter ela sido proposta por Anaxágoras, no século V antes da nossa era.

No entanto, será mesmo por volta de 1879 que a teoria será objeto de exame, em profundidade, pelos pesquisadores Hermann von Helmholtz, William Thomson e Svante Arrhenius. No entanto, antes deles, o assunto já houvera sido tratado por Allan Kardec em *O Livro dos Espíritos*. Vejamos o que as vozes celestiais disseram ao insigne mestre de Lião:

> Questão 44 - De onde vieram os seres que vivem sobre a Terra?
> R. A Terra continha os germes que aguardavam momento favorável para se desenvolverem. Os princípios orgânicos se congregaram desde que cessou a força que os mantinha afastados, e eles formaram os germes de todos os seres vivos. Os germes estiveram em estado latente e inerte, como a crisálida e as sementes das plantas, até o momento propício para a explosão de cada espécie; então, os seres de cada espécie se reuniram e se multiplicaram.
> Questão 45 - Onde estavam os elementos orgânicos antes da formação da Terra?
> R. Eles estavam, por assim dizer, em estado de fluido pelo espaço, no meio dos espíritos, ou em outros planetas, esperando a criação da Terra para começar uma nova existência sobre um novo globo.

REENCARNAÇÃO – A JUSTIÇA DE DEUS | 197

Comparando as discussões acerca da *Panspermia Cósmica* dos cientistas acima citados e as respostas dos espíritos dadas a Allan Kardec, podemos notar que há uma antecipação por parte do espiritismo em relação ao anúncio e ao trato pelos eminentes estudiosos, uma vez que esses homens de ciência discutiram a teoria da panspermia em 1879, enquanto em *O Livro dos Espíritos* a matéria é tratada já na sua primeira edição, no ano de 1857. Desta feita, a ciência dos espíritos estava antecipando à humanidade uma questão deveras intrigante e pertinente aos esclarecimentos acerca da origem da vida na Terra.

Não obstante, para dirimir quaisquer dúvidas, que pusessem em xeque a resposta dos espíritos acerca da conservação do material original da vida no espaço, como eles mesmos dizem, Kardec acrescentou o seguinte comentário:

> A química nos mostra as moléculas dos corpos inorgânicos unindo-se para formarem cristais de uma regularidade constante, segundo cada espécie, desde que estejam nas condições desejadas. A menor perturbação nessas condições basta para impedir a reunião dos elementos, ou, pelo menos, a disposição regular que constitui o cristal. Por que não ocorreria o mesmo com os elementos orgânicos? Conservamos durante anos sementes de plantas e de animais que não se desenvolvem senão em uma dada temperatura e num meio propício; têm-se visto grãos de trigo germinarem depois de vários séculos. Há, portanto, nessas sementes, um princípio latente de vitalidade que não espera senão uma circunstância favorável para se desenvolver. O que se passa diariamente sob nossos olhos não pode ter existido desde a origem do globo? Essa formação de seres vivos, partindo do caos pela força da própria natureza, diminui alguma coisa da grandeza de Deus? Longe disso, ela responde melhor à ideia que fazemos de sua força se exercendo sobre os mundos infinitos por meio de leis eternas. Essa teoria não resolve, é verdade, a questão dos elementos vitais; mas Deus tem seus mistérios e pôs limites às

nossas investigações. (Comentário de Allan Kardec às questões 44 e 45 em *O Livro dos Espíritos*.)

Todas essas questões mostram que, apesar de ciência e religião, terem se dissociado desde muito, elas estão hoje mais conjugadas. O Criador, aos olhos da ciência, já não é o Deus antropomórfico que a Igreja criou. Isso nos permite perceber o avanço que está marcando os tempos atuais, que homens, independentemente de suas crenças, estão buscando cada vez mais o entendimento das coisas que lhes são, por assim dizer, imateriais e inteligíveis.

Muitos cientistas acabaram se consorciando no combate à ideia do deus antropomórfico que os homens fizeram à sua imagem e semelhança. Esse deus colérico, ciumento, irado, segregacionista e extremamente cruel. Como aceitar que o "Não matarás", que Moisés trouxe gravado nas tábuas da lei, fosse esquecido tão rapidamente pelo grande legislador hebreu? Narram as escrituras que, após descer do monte com as tábuas da lei e encontrar seu povo bebendo e adorando um bezerro de ouro, Moisés ordena que os fiéis a Jeová matem os profanadores e idólatras, mesmo que fossem seus parentes!

Será esse o Deus justo e onipotente ou será o deus feito pelos homens que fez derramar o sangue de 3 mil homens? É esse deus, criado aos moldes humanos, que alguns filósofos e cientistas declaram ter morrido, sobretudo, após a idade das trevas, o período medieval. É esse deus vingativo e ciumento que os homens de ciência e de luz rejeitam. Na verdade, alguns homens que a Igreja anatematizou, considerados ateus ou mesmo hereges, foram homens de mente e pensamento elevado para seu tempo, os quais viam o verdadeiro Deus como a Inteligência Suprema e Cósmica e não como um homem raivoso e sanguinário.

Acerca desse assunto, vejamos o pensamento de alguns cientistas notáveis:

> Um homem honesto, munido com todo o conhecimento que nos está disponível hoje em dia, poderia apenas declarar que, em certo sentido, a origem da vida no momento soa quase um milagre por tantas serem as condições que teriam de ser satisfeitas para que ela se realizasse.
>
> **Francis Crick**

> Os físicos estão colidindo com um muro de pedra das coisas que apontam uma inteligência em ação na lei natural.
>
> **Charles Townes**

> De que forma elementos comuns como o carbono, o nitrogênio e o oxigênio têm por coincidência o tipo de estrutura atômica necessário para fazer as moléculas das quais a vida depende? É quase como se o universo tivesse sido conscientemente projetado.
>
> **Richard Morris**

> À primeira vista, a sintonia fina do universo dá evidência de ter havido desígnio deísta. Faça sua escolha: pura sorte, que requer multidões de universos, ou desígnio, que requer apenas um.
>
> **Ed Harrison**

> Eu quero saber como Deus criou este mundo. Não estou interessado neste ou naquele fenômeno, no espectro deste ou daquele elemento. Eu quero conhecer os pensamentos d'Ele. O resto são detalhes.
>
> **Albert Einstein**

> Um pouco de ciência nos afasta de Deus. Muito, nos aproxima.
>
> **Louis Pasteur**

Deus às vezes joga dados onde ninguém pode ver.

Stephen Hawking

A gravidade explica o movimento dos planetas, mas não pode explicar quem colocou os planetas em movimento. Deus governa todas as coisas e sabe tudo o que pode ou que não pode ser feito.

Isaac Newton

A morte da consciência simplesmente não existe. Ela só existe como um pensamento porque as pessoas se identificam com o seu corpo.

Robert Lanza

Os homens tornaram-se cientistas porque esperavam encontrar lei na natureza, e esperavam encontrar lei na natureza porque criam em um legislador.

C. S. Lewis

Esses nomes são apenas alguns de uma infinidade de cientistas que, longe do que se pensa, não são descrentes da existência de uma inteligência suprema ou mesmo da existência de um grande legislador das leis naturais, que podemos chamar divinas. Esses célebres estudiosos podem nos dar a ideia, por mais vaga possível, de que a ciência, por meio de seus elementos, os cientistas, está em busca de Deus, seja com uma nomenclatura ou com outra, não importa; o fato é que eles sabem que há um maestro ritmando essa grande orquestra, que há um arquiteto que configurou toda essa imensidão de corpos e de formas de vida.

Os cientistas sabem que há algo por trás de tudo que se lhes apresentam de forma tão complexa e arranjada. No entanto, eles sabem, com toda a certeza, que esse grande legislador das leis naturais não é o que alguns homens chamaram de Javé, Jeová ou mesmo deus, uma figura representativa do homem, com traços humanos, com barba e cabelos brancos e, ainda por cima, extremamente raivoso e ciumento. É esse deus que alguns filósofos mataram e que foi negado por alguns cientistas. Esse deus, que fica sentado em seu trono, castigando a humanidade, foi, paulatinamente, sendo retirado de cena, sobretudo após o final da Idade Média, graças à contribuição da filosofia e da ciência, que espalharam seus raios luminosos pela Europa e pelo mundo.

Capítulo 26

Reencarnação e perispírito

A CIÊNCIA CAMINHA A passos lentos, porém, largos, uma vez que todos os seus estudos representam uma série de passos científicos e métodos de análise matemático-estatísticos, que visam um conhecimento aprofundado e substanciado de um determinado assunto em uma dada área. Assim, o que a ciência analisa, ela o faz dentro de um tempo, o mais elástico possível, para que, se houver alguma distorção, ela possa corrigir os resultados.

Costuma-se dizer que a ciência é cautelosa, e, mesmo sendo, há algumas construções que, após edificadas e aceitas pela comunidade científica, são repensadas, reavaliadas e redirecionadas. No entanto, quando as questões investigadas dizem respeito a uma área ainda desconhecida pelos cientistas, a análise precisa ser mais profunda e meticulosa, e, além disso, esses estudos correm em mais absoluto "segredo de ciência", como, por exemplo, os trabalhos em relação ao psiquismo, à sobrevivência da alma e à existência do corpo bioplasmático realizados em alguns países, entre os quais a antiga União Soviética é exemplo de pioneirismo.

Os russos vêm desenvolvendo suas teorias e experiências

acerca das potencialidades psíquicas do homem desde a segunda metade do século XX. Foram eles que, por meio das câmeras Kirlian, dilataram os conhecimentos acerca do corpo bioplasmático, também chamado de corpo etéreo e fluídico pela ciência espírita. Percebam que a ciência atribui aspectos diferentes aos atribuídos pelo espiritismo.

O assunto investigado pelos cientistas russos é a potencialidade psíquica que alguns homens possuem, em especial, o que, para a ciência espírita, é mediunidade. Vejamos o que nos relata Sheila e Lynn acerca das investigações científicas dos russos no campo da mediunidade, tratada por eles como psiquismo:

> A centenas de quilômetros de distância, em Moscou, os relógios do Kremlin deram oito horas. Yuri Kamensky, um biofísico, foi interrompido em seus próprios esforços de descontração por uma comissão de cientistas, que lhe entregaram um pacote selado. Em seguida fecharam a porta da sua sala à prova de som, calor e eletricidade.
>
> – Eu não sabia que fora designado para enviar uma mensagem telepática a Nikolaiev – contou Kamensky. – Só sabia que haveria seis objetos e que a comissão me traria cada um deles separadamente. O tempo de "transmissão" era de apenas dez minutos por objeto.
>
> O primeiro pacote que me deram continha uma mola de metal com sete espirais apertadas. Apanhei-a. Passei os dedos pela mola. Deixei que a sensação e a vista dela me penetrassem. Ao mesmo tempo, figurei o rosto de Nikolaiev. Imaginei-o sentado à minha frente. Em seguida, mudei de perspectiva e tentei ver a mola como se estivesse olhando por cima do ombro do Karl. Finalmente, tentei vê-la através dos seus olhos.
>
> A uns 3.000 quilômetros de distância dali, Nikolaiev ficou tenso. De acordo com as testemunhas oculares, os seus dedos tatearam alguma coisa que só era visível para ele. E escreveu: redondo, metálico... brilhante... reentrante... parece uma mola.

REENCARNAÇÃO – A JUSTIÇA DE DEUS | 205

Quando Kamensky se concentrou na impressão de uma chave de fenda com um cabo preto de plástico, Nikolaiev registrou: "Longo e fino... metal.... plástico... plástico preto". Mais tarde, Kamensky observou: "parece-me que todas as pessoas têm a capacidade de mandar e receber telepatia. Mas, como qualquer capacidade, ela precisa ser capacitada e desenvolvida. Algumas pessoas, naturalmente, são mais talentosas do que outras. (Sheila Ostrander e Lynn Schroeder, *Experiências psíquicas além da cortina de ferro*, pág. 35, 1970)

Os trabalhos realizados pelos russos, como já dissemos, considerando uma ação mais substanciada e intencionada, podem ser considerados pioneiros no mundo, pois as pesquisas dirigidas por um grupo renomado de cientistas soviéticos possibilitaram ao mundo a comprovação científica de vários fatos que acompanham a humanidade e que foram reafirmados pela ciência espírita a partir da codificação e da primeira edição de *O Livro dos Espíritos*, no ano de 1857. Entre esses fatos podemos citar o da mediunidade, o do perispírito e o da própria reencarnação.

Voltamos a reafirmar que a mediunidade, apesar de ser abordada como tal pelas autoras supracitadas, quanto às referências ao médium autodidata Karl Nikolaiev, Nelya Mikhailova, a médium de PK e Wolf Grigorevich Messing, o mais célebre médium da União Soviética que foi testado pelo próprio Stalin e passou nas suas provas, é tratada pelos cientistas como uma capacidade psíquica, o que nos permite perceber um aspecto cético, materialista e laico. Nesse sentido, a ciência, por meio dos cientistas, busca resultados revestidos de concepções puramente físicas, onde todo e qualquer preconceito poderia distorcer ou condicionar o objetivo das experiências.

A partir daí, deve-se entender que tudo é tratado pelo corpo científico de forma a negar ou, no mínimo, submeter ao crivo das leis físicas todas as concepções abordadas pela ideia do vulgo, do conhecimento não científico ou mesmo do conhecimento revelado pelas religiões. No que tange ao perispírito, a ciência foi a fundo e descobriu a sua essência; no entanto, não abriu mão de suas concepções laicas, tratando-o como corpo bioplasmático ou energético. Acerca do assunto, leiamos o que nos escreve as autoras já citadas:

> Um panorama espetacular de cores, galáxias inteiras de luzes, azuis, douradas, verdes, roxas, coruscando e faiscando!
>
> Um mundo ainda não visto abriu-se diante dos olhos. Labirintos remanescentes, chamejantes, cintilantes, tremeluzentes. Algumas centelhas eram imóveis, outras erravam sobre um fundo escuro. Acima dessas fantásticas galáxias de luzes fantasmagóricas havia rútilas labaredas multicores e nuvens escuras.
>
> É indescritível! Chamas elétricas se acendem, depois se acendem fogachos e coroas azuis e alaranjadas. Grandes canais de um roxo resplandecente, centelhas ardentes. Algumas luzes brilham sempre, outras vão e vêm como estrelas errantes. É fantástico, fascinante, um jogo misterioso – um mundo de fogo!
>
> Como relâmpagos de verão... 'crateras' entravam em erupção – sem lavas candecentes, mas com o esplendor da aurora boreal!
>
> Esses relatos extraordinários de um pasmoso mundo novo de luzes multicoloridas, que pulsavam, não procediam de soviéticos alucinados pela vertigem de um circo elétrico psicodélico. Não eram visões de uma viagem feita sob o império do LSD. As galáxias faulhantes e os radiosos labirintos, radiantemente coloridos, e as fúlgidas labaredas vistas por eles vinham *do próprio corpo humano*. As luzes resplendentes do corpo tornavam-se visíveis quando este era colocado num campo de correntes elétricas de alta frequência.
>
> Seria a "aura" que eles estavam vendo, o colorido invólucro que os médiuns e clarividentes há muito afirmam que veem e utilizam para diagnosticar o estado de saúde de uma pessoa? Seria este o corpo astral – o corpo luminescente de energia que, no dizer dos médiuns, todos possuímos?

Entretanto, não era um grupo de médiuns que assistia a esse fenômeno na Rússia. Eram cientistas – os mais notáveis sábios russos do prestigioso Presídio da Academia de Ciências da URSS, cientistas e pesquisadores dos principais institutos e universidades de toda a União Soviética. A partir daquele momento, eles levariam uns vinte anos para começar a compreender o que haviam descoberto sobre os estranhos poderes do corpo humano.

O conceito de aura humana, nuvem radiante e luminosa que envolve o corpo, remonta há séculos. Gravuras do primitivo Egito, da Índia, da Grécia, de Roma, mostravam as figuras sagradas circundadas de uma orla luminosa muito antes que os artistas da era cristã principiassem a pintar os santos rodeados de halos. Essa convenção, na realidade, pode ter-se baseado nas observações de clarividentes que viam, segundo eles mesmos asseveravam, uma radiância envolvendo os santos. A famosa médium, a Sra. Eileen Garrett, afirma em seu livro *Awareness*: "Sempre vi todas as plantas, animais e pessoas cingidas de uma orla indistinta". De acordo com o estado de espírito das pessoas, diz ela, essa cercadura muda de cor e consistência.

Os clarividentes, porém, apressam-se a assinalar que a aura é uma denominação imprópria; ao seu ver, o corpo humano é interpenetrado por outro corpo de energia, e a luminescência desse segundo corpo, que se irradia para o exterior, é que eles veem como aura. Contemplamos, dizem, como um eclipse do sol pela lua, sendo o luminoso corpo astral completamente oculto pelo corpo físico. Paracelso, filósofo, químico, alquimista e médico, também acreditava que um corpo semicorpóreo ou "estelar" vive na carne e é a sua imagem invertida. (Sheila Ostrander e Lynn Schroeder, *Experiências psíquicas além da cortina de ferro*, pág. 220 e 221, 1970)

Ao tratar do corpo bioplasmático, devemos entender que a sua percepção é algo que dista de nossos tempos. Como bem dizem as autoras, remonta ao tempo das grandes e antigas civilizações, o que nos faz perceber que o conhecimento anunciado pela

208 | Cícero Alberto Nunes

ciência espírita é algo que já acompanha a humanidade desde os tempos mais remotos, dando a esses conhecimentos, solidez e consistência. Portanto, o espiritismo veio realmente rearranjar todas as coisas, veio reeducar a humanidade, corrigindo e aparando as arestas do que foi percebido, não de forma errada, mas de acordo com o grau de evolução intelecto-moral do homem na Terra.

Assim sendo, as experiências realizadas pioneiramente pelos russos, que continuam nos tempos mais próximos de nós, e possivelmente por outros países, os quais mantêm-nas enclausuradas em laboratórios, por questões de fins diversos e talvez desconhecidos, são deveras importantes para o entendimento de questões que a humanidade se via incapaz de compreender e aceitar. Como dissemos antes, toda e qualquer bandeira levantada no sentido de desvendar e entender as coisas do espírito concorre para o esclarecimento das questões que o próprio Cristo já anunciara, e para as quais, reconheceu o Mestre, não estávamos ainda preparados para entender.

Entre essas questões, a reencarnação é uma delas, muito embora ele tenha feito referência a ela no diálogo com Nicodemos e também a três dos seus apóstolos após a transfiguração no Monte Tabor. Não poderiam os homens do seu tempo compreender a natureza do corpo espiritual, ou perispírito, embora o apóstolo dos gentios, Paulo, chegasse a tanto. Por mais que o homem se professe um seguidor do Cristo, ele não poderá dar grandes passos na sua caminhada rumo ao progresso intelecto-moral se não embrenhar-se nos intrincados meandros das vidas sucessivas.

A aceitação e o entendimento da reencarnação é de suma importância para que todos possamos nos descobrir e nos permitir grandes conquistas em favor de nós mesmos e chegarmos o quanto antes ao fim de nossa jornada provatória e expiatória, erradicando definitivamente *a roda dos nascimentos*, dita por Sócrates, ou a *samsara*, da cultura hinduísta. Por sinal, para conhecer a nós mesmos, como pregava o filósofo da antiguidade, será preciso viajar nas muitas existências que já vivemos.

Capítulo 27

Reencarnação e regressão a vidas passadas

As EXPERIÊNCIAS RUSSAS ERAM direcionadas para as potencialidades humanas, visando descobrir de que forma o conhecimento adormecido poderia nos auxiliar na existência presente, como se lê no livro *Experiências psíquicas além da cortina de ferro:*

> Recentemente, num amplo estúdio batido de sol em Moscou, um grupo de estudantes de arte contemplava com suma atenção o modelo. Profundamente mergulhado na própria visão da jovem, cada qual olhava para baixo e para cima, confrontando as curvas do modelo com a figura que principiava a delinear-se no caderno de desenho. Nenhuma cabeça se voltou quando o professor, Dr. Vladimir L. Raikov, entrou na sala e se pôs a andar entre eles na companhia de um visitante.
>
> – Quero que conheça um dos meus melhores alunos – disse Raikov.
>
> Uma moça de pouco mais de vinte anos se levantou, aparentemente de má vontade. Logo, porém, como se tornasse em si, voltou-se, rápida, para o visitante e estendeu-lhe a mão.
>
> – Sou Rafael de Urbino – disse ela.
>
> O nome pronunciado surpreendeu menos o visitante do que a maneira displicente com que a rapariga, aparentemente

normal, inteiramente desperta, tentava fazer-se passar pelo grande pintor da Renascença.

–- Poderia dizer-me, por acaso, em que ano estamos? – perguntou ele.

– Ora essa! 1505, naturalmente.

Precisando de um momento para pôr em ordem as ideias, o visitante recuou para focalizar a câmera na bonita e jovem estudante. O professor Raikov perguntou-lhe:

– Você sabe o que ele tem na mão?

– Não!

– Nunca viu nada parecido com isso?

– Nunca. Nunca vi nada parecido com isso em toda minha vida.

Depois de tirar algumas fotografias, o visitante recomeçou a falar em câmeras, jatos, *sputiniks* e – à proporção que a jovem se mostrava mais inflexível nas negativas – sobre tudo o que lhe vinha à mente e que se relacionava com 1966, o ano em que estavam vivendo.

– Fantasmagorias! Isso tudo é bobagem. Os senhores estão me aborrecendo com tolices! – bradou a moça, exasperada.

– Está bem, muito obrigado por ter-nos permitido falar com você – atalhou o professor. – Volte para o trabalho. Desenhe! Desenhe da melhor maneira que puder, mestre Rafael.

– Eis aí um exemplo – disse o Dr. Raikov ao visitante, redator da Komsomolskaya Pravda – do que denominamos reencarnação.

Essa reencarnação em Ira, jovem estudante de ciências, não levara o psiquiatra Raikov a uma pesquisa através de teias de aranha e adros desmantelados de igreja para corroborar a história da moça de uma gloriosa existência passada. Raikov, que trabalha com os parapsicologistas de Popov, sabe como esse Rafael reencarnou – e sabe como reencarnaram os três outros Rafaéis da classe. Raikov os chamou à vida. Ele é um mestre hipnotista.

Com a marca dinâmica de reencarnação, Raikov está tentando provocar o surgimento do talento, talvez do próprio gênio, em seus alunos. Não estamos dando às pessoas, com a reencarnação, alguma coisa externa, alguma coisa que elas não possuem, dizem os soviéticos. Mas pouquíssimas pessoas compreendem os poderes extraordinários que possuem. (Sheila Ostrander e Lynn Schroeder, *Experiências psíquicas além da cortina de ferro*, págs. 166 e 167, 1970)

Os experimentos do professor-doutor Vladimir L. Raikov puderam comprovar cientificamente, e mais de uma vez, a reencarnação, bem como o bom aproveitamento dos conhecimentos trazidos de vidas passadas, que, muito embora latentes, puderam apresentar grandes resultados no fim da experiência.

Nos experimentos em questão, o professor Raikov pretendia analisar o comportamento bem como as estruturas psíquicas responsáveis pelas ações, na ocasião em que a personalidade anterior fora chamada, enquanto o sujeito presente permanecesse em um transe. No caso da aluna, excelente em física e sem nenhum talento na área das artes, o professor Raikov, por meio da hipnose, e chamando à vida, como ele mesmo dizia, duas das reencarnações transatas de Alla, no caso, a dos pintores Repin e Rafael, ele testemunharia as potencialidades do sujeito em questão, por meio das duas personalidades anteriores, usando dos conhecimentos adquiridos e armazenados pela *psique* humana.

Essas duas encarnações de Alla, quando chamadas pelo professor Raikov, individualmente, é claro, não interferiram na personalidade da aluna, posteriormente, uma vez que os conhecimentos inerentes a cada uma delas estavam apenas adormecidos e, no momento da hipnose, era como se despertassem para o presente. No transe, Alla passava a agir como se fosse, no dizer de Stevenson, a personalidade anterior, que afirmava estar no mesmo tempo em que vivera antes da desencarnação.

Não obstante, é necessário que se fale dos riscos desse procedimento, uma vez que, chamando à memória de relação ou

214 | Cícero Alberto Nunes

ao consciente a personalidade transata, corre-se o risco, quando não se possui experiência e conhecimento de causa, de trazer à tona, ou seja, ao consciente, traumas extremamente nocivos para a presente individualidade. Nesse caso, a reencarnação estava sendo utilizada como um meio de se alcançar diversos elementos do conhecimento humano que até o momento não haviam sido acessados, tratando-se das estruturas psíquicas. Para o professor Raikov:

> A reencarnação conduziu a moça a um estado em que ela se submete a novas leis, que têm sido muito pouco pesquisadas. A elaboração dessas leis desconhecidas é a meta do meu trabalho – afirma Raikov. A reencarnação é importante por si mesma. Abre diante de nós o lado inexplorado da psique humana. (Sheila Ostrander e Lynn Schroeder, *Experiências psíquicas além da cortina de ferro*, pág. 168, 1970)

Assim, a lei universal da reencarnação torna-se para alguns estudiosos, pesquisadores e cientistas, um objeto de análise e estudo para que determinados fins sejam vislumbrados. Nesse aspecto, muito embora a finalidade não seja comprovar cientificamente a reencarnação, mas ela, por si só, acaba por falar, pois, pelo simples fato do reconhecimento de sua existência, condição *sine qua non* para o desenvolvimento das pesquisas aqui tratadas, o professor Raikov precisou reconhecer e aceitar a reencarnação, para que seus trabalhos pudessem ser desenvolvidos.

Engana-se quem imagina que assuntos tratados pela ciência espírita, como reencarnação, mediunidade e sobrevivência além-túmulo, são assuntos desprezados e ignorados pela ciência. Notadamente, essas áreas de estudo estão sendo desvendadas e desbravadas por muitos cientistas e, por que não dizer, por alguns países, no intuito de chegarem à frente acerca de um determinado conhecimento que alguns grupos da humanidade ignoram.

O trabalho da ciência apenas começou. Ela apenas entreviu a ponta do iceberg. Será preciso muito mais esforço e dedicação para se chegar onde a humanidade precisa chegar e conhecer. Deus permite que nós cheguemos até onde nosso entendimento é capaz de processar as informações e digeri-las, de forma que o que nossos olhos vejam não ofusquem nossos sentidos, como uma luz que vai se acendendo aos poucos para os cativos da ignorância, encarcerados nas celas da escuridão. Deus fala aos homens; Ele mostra a direção a seguir, indica o caminho certo e revela as suas maravilhas, cabendo à humanidade apenas seguir esse caminho, que a levará a um gozo inimaginável, ao contemplar as suas belezas e dilatar seus sentidos, aumentando, assim, o contato com um mundo mais sutil e etéreo.

Capítulo 28

Reencarnação e futuro

GRAÇAS À CIÊNCIA ESPÍRITA, muitos cientistas e estudiosos já se lançaram sobre a verdade revelada por Deus. Quando a plêiade liderada pelo Espírito de Verdade transmitiu a Kardec os conteúdos que compõem a codificação, lançava também as sementes para o plantio, a rega e a colheita. É a própria ciência dos homens que está para os agricultores. São eles, os cientistas, que deverão cuidar dessas sementes, para que elas germinem, tornando-se uma grande árvore e com muitos frutos, como bem diz o Evangelho: a cento por um.

A ciência é a grande revolvedora da Terra, para que a semente encontre um solo fértil. É ela que lançará o fertilizante para que a germinação encontre todas as condições ao seu desenvolvimento. A relação que a ciência dos homens mantém com a ciência dos espíritos, revelada por ocasião da codificação, tendo como seu apóstolo o professor Rivail, é de grande responsabilidade, pois é ela que, pondo à prova as revelações, feitas por meio do Espírito de Verdade, apresentará de forma inegável toda a solidez e consistência dessa doutrina.

Será a ciência que provará aos homens incrédulos o verdadeiro valor e essência do espiritismo, sem que este precise, por si só, provar-se aos homens, pois este é o papel da ciência, que foi desempenhado em face do cristianismo dogmático, desmascarando os desvirtuadores do cristianismo de Jesus, apresentando à humanidade a luz na escuridão. Essa mesma ciência terá que cumprir mais um papel, o de legitimar (não que o espiritismo precise disso) aos incrédulos e ignorantes as verdades reveladas por meio da codificação.

Podemos assim dizer que a doutrina dos espíritos representa uma chaga no saber, tanto religioso, como científico. Se Copérnico produziu a primeira ferida no saber ocidental, se Darwin produziu a segunda e Freud produziu a terceira, podemos asseverar que Kardec produziu a primeira ferida no saber religioso e científico ocidentais (opinião do autor), pois todo o conhecimento que se tinha acerca da vida, do homem e de Deus, com base no cristianismo dogmático e na ciência materialista, foi, à luz do espiritismo, desmantelado, reconstruído e reerguido.

A importância do espiritismo para a humanidade é como a importância da fonte de água para o sequioso no deserto, inegavelmente, sua vida depende disto. A humanidade andou e anda pelo deserto, sobretudo por não ter compreendido a mensagem do Messias salvador, mas há uma fonte de água cristalina e inesgotável, jorrando em plenitude e aguardando todos para saciarem a sede de amor, sabedoria e esclarecimento. Esta é a fonte prometida por Jesus, quando disse, antes de partir do corpo físico deste planeta; que enviaria o Consolador, o espírito Paráclito. A promessa do Cristo, assim, tornou-se cumprida, pois o espiritismo é a sua personificação e substância, trazendo alento e consolo, esclarecimento e luz aos homens. No entanto, para os incrédulos, é preciso algo mais, é necessário que alguém ou algum grupo passe à prova toda a verdade revelada a Kardec e codificada por ele. E isso já vem acontecendo, principalmente, após o advento da ciência espírita.

Se pararmos para refletir, todas as descobertas, todos os estudos e pesquisas realizados pela ciência, retratam a existência real e coerente das verdades anunciadas por meio da codificação. Vários aspectos da ciência espírita encontrarão constatação científica nas pesquisas realizadas em diversos campos, pois muito do que hoje é estudado ou teve um interesse desperto após o advento do espiritismo, já fora anunciado por esta doutrina. A título de exemplo, podemos citar a panspermia cósmica, o perispírito, os seres quadridimensionais, a sobrevivência pós-morte, a mediunidade e, por fim, a reencarnação. Todos esses anúncios e princípios espíritas, que constam no corpo doutrinário da ciência espírita, foram constatados pela ciência.

Aqui se entende que, com a reencarnação, todas as peças do quebra-cabeça encontram justaposição, pois basta que pensemos no entendimento do homem de gênio e de sua notoriedade científica, seu conhecimento ímpar na sua área, como é o caso de Sócrates, Freud, Darwin, Einstein, Kardec e tantos outros, para se entender que o conhecimento que cada um detém não deriva apenas de uma existência. Já no aspecto do conhecimento científico, em qualquer campo, não se pode conceber conhecimento das coisas do homem e do mundo, dissociados da reencarnação, pois seria como conceber uma estrada que levaria o homem a lugar algum.

Nesse contexto, podemos assegurar termos dado uma curta, porém, proveitosa e considerada prova de que muitos pesquisadores e estudiosos, das mais diversas áreas possíveis, tiveram a grande determinação de trilhar um caminho que jamais fora sequer contemplado, enquanto outros tiveram a coragem para dar sequência a estudos que foram rechaçados durante seu primeiro anúncio. Estudiosos brilhantes, como os que citamos nesta parte do trabalho, conseguiram, mesmo a contragosto de um número maior de pensadores, comprovar, por métodos científicos, experimentos nunca antes colocados à prova.

Não faltaram espíritos inovadores e continuadores para o assunto em questão. Tempos virão em que pesquisadores e estudiosos, intitulados respeitosamente como homens de ciência, poderão contar com uma tecnologia capaz de testificar toda fenomenologia e universo do espírito, para que nenhum incrédulo ou ignorante possa dizer: eu não tomei parte desse tempo e não testemunhei esses avanços. Não esqueçamos de que a ciência e a religião se entrelaçarão, pois como bem dizem os espíritos, esta não pode caminhar em desacordo com aquela.

A religião não poderá caminhar em descompasso com a ciência, cabendo a esta, comprovar, o que já se teve início, em relação aos fenômenos, processos e conhecimentos emanados daquela. Muito embora se possa ver uma aparente disparidade entre o que diz a religião e o que comprova a ciência; esse distanciamento é apenas aparente, pois os principais aspectos da doutrina espírita já foram estudados e analisados por muitos pesquisadores e estudiosos.

Mesmo que os postulados espíritas não tenham ainda o "endosso oficial" da ciência, estes não puderam ser descartados, porque despertaram a atenção de numerosos cientistas de renome, restando apenas que se processe a dilatação e massificação dessa aceitação. A sobrevivência do espírito após a morte do corpo físico, a mediunidade e a reencarnação, todos esses temas já foram estudados e pesquisados por homens de conhecimento e espírito de investigação e inabalada reputação, a exemplo dos que já citamos nesta obra.

Assim posto, mesmo que alguns assegurem que faltam ainda

estudos nesses campos, podemos dizer que o primeiro passo já foi dado, em um tempo muito mais difícil do que este. Entretanto, há ainda muito a se pesquisar e estudar, a se desdobrar e se dilatar, para que a ciência espírita, religião, no aspecto redentor, na sua completude e essência, possa ser, merecidamente, aceita sem ressalvas por todos. Para que isto aconteça, é preciso que cada um de nós possa dar um passo à frente do entendimento e da pesquisa, sabendo que o ilustre cientista e pesquisador de hoje foi o ignorante de ontem. Sejamos rápidos e decididos, para que possamos dar ao progresso a nossa pequena, porém, importante contribuição, para que um dia, olhando do mais complexo para o mais simples, possamos identificar nossos passos deixados na senda desse progresso.

Capítulo 29

Entre hindus e muçulmanos

As RELIGIÕES MAIS ANTIGAS do mundo trazem em seu corpo doutrinário o assunto da pluralidade das existências, ainda que nem sempre ajustada aos princípios que regem essa lei universal. É bem verdade que alguns aspectos discursivos da percepção de alguns povos em relação à reencarnação são incompletos ou mesmo inacabados; no entanto, representam tão somente a forma possível de compreensão e abstração que possuíam no momento histórico em que esse assunto foi percebido e dilatado.

A capacidade de apreensão da ideia reencarnacionista foi sendo possível à medida que o homem foi ganhando porções maiores de razão, o que ocorreu com o desenvolvimento das civilizações e da própria humanidade. Dessa forma, muitos foram os povos que abstraíram princípios da pluralidade das existências. Entre eles, podemos citar os indianos, os egípcios, os celtas e os mesopotâmicos.

No entanto, muito antes da existência de quaisquer dessas organizações humanas, já se encontraram relatos históricos que remontam a dezenas de milênios. De acordo com Lenoir:

> Os túmulos mais antigos foram encontrados em Qafzeh, onde hoje fica Israel. Há aproximadamente 100 mil anos, o *homo sapiens* antigo depositou ali, cuidadosamente, cadáveres em posição fetal, cobrindo-os com a cor vermelha. Num sítio vizinho, homens e mulheres foram enterrados segurando galhadas de cervídeos ou mandíbulas de javali, e tendo o ocre sobre ou em torno de suas ossadas. Essas sepulturas comprovam a existência do pensamento simbólico que caracteriza o ser humano. Aquelas cores e os objetos são símbolos de uma crença. Mas qual? Provavelmente nossos ancestrais acreditavam numa possível sobrevida do ser após a morte, como atesta a disposição do corpo em posição fetal ou a presença de armas que sirvam para caçar no além. (Frédéric Lenoir, *Deus - sua história na epopeia humana*, pág. 10, 2011)

Assim, é coerente a ideia de que a pluralidade das existências acompanhou a humanidade desde a sua mais tenra idade. Contudo, a apreensão dessa lei dá-se à medida que o homem vai adquirindo maioridade racional. Não obstante, apesar de todas essas comprovações, muitos homens negaram e ainda negam essa majestosa lei, sendo por isso, também, que seus princípios divinos passaram muito tempo nas mãos apenas dos iniciados.

Porém, com o desenvolvimento da filosofia e das ciências, e, em especial, da ciência franca, a humanidade teve acesso aos conhecimentos que antes estiveram nas mãos de poucos. Nesse contexto, tivemos Sócrates e Platão, que dilataram os conhecimentos acerca da imortalidade e das viagens da alma por meio da *roda dos nascimentos*, e Jesus Cristo, que, reunindo e organizando os conhecimentos trazidos por esses dois filósofos, trouxe à humanidade conhecimentos acerca das *coisas do céu*, como ele mesmo disse.

No entanto, vendo que os homens daquele tempo eram incapazes de compreender o teor de suas mensagens, Jesus promete-lhes enviar o Consolador, o *Paráclito*, promessa que foi concretizada pela vinda do espiritismo, ou seja, pelo advento da doutrina espírita, codificada por Allan Kardec. Desse modo, Kardec não é o criador da reencarnação, mas liberta-a dos mitos, dos misticismos e das formas, que se prendem a ela, em razão das imaturidades temporais e humanas.

Contudo, muitos povos trataram sobre a pluralidade das existências de forma mitológica e lendária, garantindo a perpetuação de seus aspectos culturais, principalmente no caso de serem subjugados por culturas distintas, evitando que o teor de suas crenças pudesse ser causa para possível genocídio. Dessa forma, tanto vamos encontrar o assunto reencarnação sendo discutido nas sociedades secretas que permearam a história da humanidade como sendo discutida por meio de mitos e lendas. De uma forma ou de outra, o assunto desnudava-se para alguns e permanecia obscuro para muitos.

Os indianos, como alguns estudiosos defendem, foram os primeiros povos a desenvolver uma manifestação religiosa doutrinária, muito antes mesmo que os egípcios. Nas manifestações religiosas desse povo, encontramos a reencarnação associada às castas sociais, ou seja, de acordo com alguns pensadores e adeptos dessa doutrina na Índia e em outras partes do mundo, a *samsara* ocorre dentro de uma mesma casta. Dessa forma, a reencarnação estaria associada à posição social do indivíduo na sociedade, sem que dela pudesse ser desligada.

De acordo com a tradição indiana, a reencarnação de um sudra só pode ocorrer em famílias pobres, bem como a reencarnação de um brâmane ocorre apenas em famílias de grande prestígio social. Esse princípio, baseado em tais tradições, não apenas representa um equívoco na interpretação da pluralidade das existências, como deve ser visto como um mecanismo dos detentores do poder temporal, para dominar os mais pobres e afastar, dos mais necessitados, a ideia de mobilidade social. Já no caso dos egípcios, eles também abstraíram a reencarnação de longa data, mesmo antes de sua unificação. De acordo com a crença desse povo, o espírito do morto retornaria para o mesmo corpo, razão pela qual desenvolveu toda uma técnica de embalsamamento.

Nos dois casos descritos acima, o dos indianos e o dos egípcios, a apreensão é incompleta, pois, sendo uma instituição do Criador, a reencarnação é a lei universal que concorre para a igualdade entre todos perante Deus, sem derrogar as leis naturais, como seria a volta do espírito para animar o seu cadáver, por mais conservado que estivesse. Uma afronta à Inteligência do Criador! Assim, a reencarnação não faz acepção de pessoas, de modo que é incorreto pensar que um brâmane jamais pudesse reencarnar como um sudra. Já no caso egípcio, é também incoerente sustentar a ideia de que um corpo falido, por conta de sua decrepitude orgânica, possa ser reanimado pelo mesmo espírito ou por outro qualquer, o que contraria as leis naturais.

Outro caso de apreensão parcial da lei da pluralidade das existências está entre os xiitas. Estes não creem que as ações morais dos indivíduos no presente possam interferir em suas vidas futuras. De acordo com o Dr. Ian Stevenson:

> Os membros das seitas muçulmanas xiitas da Ásia Ocidental, que acreditam em reencarnação, não acham que o que uma pessoa faz em uma vida tem qualquer efeito sobre o que acontece a ela em outra, mas acreditam que uma alma passa por uma série de vidas em circunstâncias distintas e, em cada uma das vidas, ela deve se esforçar pela retidão moral. O fato de ela ser bem-sucedida ou falhar em uma vida não tem efeito em sua condição em outra posterior. Por fim, no dia do julgamento final, os livros de suas ações são examinados, os relatos de atos bons e ruins reunidos e, de acordo com a avaliação,

Deus manda cada pessoa para o céu ou para o inferno por toda a eternidade. (Ian Stevenson, *Crianças que se lembram de vidas passadas*, pág. 69, 2011)

A citação acima nos mostra que o *Corão* tem na sua essência, muito embora não de forma explícita como nos evangelhos, forte conteúdo reencarnacionista. Além do Corão, a Cabala judaica apresenta também elementos das vidas sucessivas, assim como os *Vedas*, documentos sagrados dos hindus.

Ora, se nos documentos sagrados de todos esses credos há menção da pluralidade das existências, por que na Bíblia dos cristãos não haveria? Claro que houve muito mais no passado e menos no presente, mas o fato é que a reencarnação é um assunto tratado nos escritos sagrados dos cristãos, independentemente de serem ou não protestantes, já que há uma pequena diferença de composição literária. Dessa forma, ao contrário do que falam os opositores, a Bíblia revela, sob o véu da letra, a lei universal da reencarnação. Muitos negam, mas lá encontramos o conhecimento dessa magnânima lei, que, consoladora por excelência, representa alento e porta de acesso para as esferas superiores da grande arquitetura da criação divina.

Capítulo 30

Reencarnação no Velho Testamento

POR MAIS QUE TENHAM tentado, alguns homens do passado não tiveram êxito em apagar, da História, as mensagens celestiais acerca da pluralidade das existências. Mesmo com denominações diferentes, a reencarnação é citada na Bíblia e em outros corpos doutrinários de forma intensa e marcante, pois, como dissemos anteriormente, a palavra *reencarnação* só surge no século XIX com as obras basilares do espiritismo, reveladas pela plêiade e de entidades veneradas guiadas pelo Espírito de Verdade.

No livro do *Gênesis*, encontramos relatos em favor das vidas vividas e das vidas que serão vividas. Vejamos o que nos revela os seguintes escritos bíblicos:

> Depois destas coisas veio a palavra do SENHOR a Abraão, em visão, dizendo: Não temas, Abraão, eu sou o teu escudo, o teu grandíssimo galardão. Então disse, Abraão: Senhor Jeová, que me hás de dar? Pois ando sem filhos, e o mordomo da minha casa é o damasceno Eliézer. Disse mais Abraão: Eis que me não tens dado semente, e eis que um nascido na minha casa será meu herdeiro. E eis que veio a palavra do SENHOR a ele,

230 | CÍCERO ALBERTO NUNES

dizendo: Este não será o teu herdeiro, mas aquele que de ti será gerado, esse será o teu herdeiro. Então, o levou fora e disse: Olha, agora, para os céus e conta as estrelas, se as pode contar. E disse-lhe: Assim será a tua semente. E creu ele no SENHOR, e foi-lhe imputado isso por justiça. Disse-lhe mais: Eu sou o SENHOR, que te tirei de Ur dos Caldeus, para dar-te a ti esta terra, para herdares. E disse ele: Senhor Jeová, como saberei que hei de herdá-la? E disse-lhe: Toma uma bezerra de três anos, e uma cabra de três anos, e um carneiro de três anos, e uma rola e um pombinho. E trouxe-lhe todos estes, e partiu-os pelo meio e colocou cada parte deles em frente a outra; mas as aves não partiu. E as aves desciam sobre os cadáveres; Abraão, porém, as enxotava. E, pondo-se o sol, um profundo sono caiu sobre Abraão; e eis que grande espanto e grande escuridão caíram sobre ele. Então, disse a Abraão: Saibas, decerto, que peregrina será a tua semente em terra que não é sua, e servi-los-á e afligi-la-ão quatrocentos anos. Mas também eu julgarei a gente à qual servirão, e depois sairão com grande fazenda. **E tu irás a teus pais em paz; em boa velhice serás sepultado. E a quarta geração tornará para cá**; porque a medida da injustiça dos amorreus não está ainda cheia. (Gn. 15. 1-16. *Bíblia de estudos-palavras chave-Hebraico-Grego*)

Façamos, agora, o exame do que está em destaque, para que possamos identificar o pensamento reencarnacionista: Deus diz a Abraão que ele irá aos seus pais, ou seja, que ele morrerá. Deus diz que a morte de Abraão será em boa velhice, ou seja, ele morrerá bem velho. Deus diz que a quarta geração tornará para cá. Nesse aspecto, é preciso que atentemos para o artigo "a". Se aceitarmos o artigo do jeito que está nesta tradução, vamos entender que Deus estaria se referindo à quarta geração de Abraão, ou seja, aos seus bisnetos. Se aceitarmos o artigo nesses termos, teremos que aceitar que os bisnetos de Abraão já viveram e voltarão a viver; portanto, estaríamos corroborando o pensamento de Orígenes, acerca da preexistência da alma.

REENCARNAÇÃO – A JUSTIÇA DE DEUS | 231

No entanto, para melhor entendimento, devemos aceitar que houve um erro na tradução, que deveria ter sido para a contração da preposição *em* com o artigo *a*, trazendo para nós a expressão correta, ou seja, que *na quarta geração (...)* Abraão voltaria para cá. Dessa forma, vemos a certeza da pluralidade das existências. De uma forma ou de outra, temos nesses escritos bíblicos, o que alguns ainda não querem admitir, que a reencarnação como lei universal de Deus é um fato, e, diga-se de passagem, um fato bíblico.

Em outra passagem bíblica, agora, do livro *Êxodo*, o autor assevera o ponto de ligação entre a citação e a pluralidade das existências. Vejamos o seguinte fragmento:

> Então, falou Deus todas essas palavras, dizendo: Eu sou o SENHOR, teu Deus, que te tirei da terra do Egito, da casa da servidão. Não terás outros deuses diante de mim. Não farás para ti imagem de escultura, nem alguma semelhança do que há em cima nos céus, nem embaixo na terra, nem nas águas embaixo da terra. Não te encurvarás a elas nem as servirás; porque eu, o SENHOR, sou Deus zeloso, **que visito a maldade dos pais nos filhos até a terceira e quarta geração** daqueles que me aborrecem. (grifos meus) (Ex. 20. 1-5. *Bíblia de estudos-palavras chave-Hebraico-Grego*)

Partindo para o exame dos fragmentos acima, devemos lembrar que no texto original não há a preposição *até*, pois ela não existe na língua hebraica; mas a preposição *na* (**em** + **a**). Assim, o versículo original ficaria: *Não te encurvarás a elas nem as servirás; porque eu, o SENHOR, sou Deus zeloso, que visito a maldade dos pais nos filhos na terceira e quarta geração daqueles que me aborrecem.* Sendo assim, Deus assevera que os pais, na condição de devedores, poderão reencarnar como seus bisnetos, por exemplo. E, para aqueles que insistem em dizer, erroneamente, que Deus não trata aqui de reencarnação, mas sim de uma promessa de que o pecado do pecador será cobrado nos seus descendentes, aí vai uma outra citação:

> A alma que pecar, essa morrerá; **o filho não levará a maldade do pai, nem o pai levará a maldade do filho**; a justiça do justo ficará sobre ele, e a impiedade do ímpio cairá sobre ele. (Grifo nosso) (Ez. 18.20. *Bíblia de estudos-palavras chave-Hebraico-Grego*)

Dessa forma, a ideia de que os filhos pagarão pelos erros dos pais e os pais pagarão pelos erros dos filhos não apresenta coerência alguma quando essas falsas ideias são confrontadas com esse versículo do *livro de Ezequiel*. Não se tratando de cobrar o pecado dos pais nos filhos, a linguagem do versículo em questão, representa uma forma alegórica para falar da reencarnação, do contrário, não encontraríamos os escritos nesses termos. Se Deus cobrasse os erros dos pais nos filhos e dos filhos nos pais, onde estaria a perfeita justiça? Analisando a justiça dos homens, não há pena do pai que recaia sobre o filho nem pena do filho que recaia sobre o pai.

De acordo com o inciso XLV do artigo 5º do capítulo I do título II da Constituição Federal, temos: **nenhuma pena passará da pessoa do condenado** (*grifo nosso*). Se os homens não cobram as dívidas dos pais aos filhos nem as dívidas dos filhos aos pais e, se aceitarmos a compreensão equivocada de que Deus faz assim, a justiça dos homens seria, então, mais justa e perfeita do que a justiça de Deus. Seria lógico e racional esse pensamento?

Além disso, se aceitarmos que a passagem de *Êxodo 20:1-5* deve ser compreendida de acordo com o que está na letra (segundo a qual Deus cobra os erros dos pais nos filhos e dos filhos nos pais), haveria aí uma contradição com o que encontramos na

REENCARNAÇÃO – A JUSTIÇA DE DEUS | 233

passagem de *Ezequiel 18:20* (na qual Deus diz que não cobrará a maldade dos pais nos filhos nem a dos filhos nos pais). Portanto, se tomado ao pé da letra, essas duas passagens bíblicas, o mínimo que poderíamos pensar de Deus é que Ele não sabia o que estava dizendo; logo, estaria confuso e equivocado. Ninguém, em sã consciência, poderia desdizer o que disse, a não ser que reconhecesse o seu erro primeiro. Se Deus errou, Ele já não mais é perfeito, ele já não mais é infalível. O que pensar então desse Deus, que erra, que falha e que se contradiz? De acordo com Descartes, se Deus perdesse apenas um de Seus atributos, como a infalibilidade, Ele deixaria de ser Deus. Assim, de acordo com as passagens acima citadas (Êxodo e Ezequiel), ou se as interpreta na compreensão de que Deus nos fala da pluralidade das existências ou se reconhece que Deus é falho. E agora, qual das ideias você, leitor, aceita?

Em outro fragmento bíblico, agora no livro de Jeremias, encontramos mais uma comprovação acerca da pluralidade das existências. Vejamos o que nos diz o profeta:

> Palavra de Jeremias, filho de Hilquias, dos sacerdotes que estavam em Anatote, na terra de Benjamim. Lhe veio a palavra do SENHOR, nos dias de Josias, filho de Amom, rei de Judá, no décimo terceiro ano do seu reinado. E lhe veio também nos dias de Joaquim, filho de Josias, rei de Judá, até o fim do ano undécimo de Zedequias, filho de Josias, rei de Judá, até que Jerusalém foi levada em cativeiro no quinto mês. [4]Assim veio a mim a palavra do SENHOR, dizendo: **Antes que eu te formasse no ventre, eu te conheci; e, antes que saísses da madre, te santifiquei e às nações te dei por profeta.** (grifo nosso) (Jr. 1. 1-5. *Bíblia de estudos-palavras chave-Hebraico-Grego*)

No caso do versículo quinto do livro de Jeremias, temos a convicção mais forte acerca da preexistência da alma: nele temos a referência de que o profeta já era conhecido do Senhor antes mesmo que tivesse nascido. Nesse sentido, para que Deus o conhecesse antes de seu nascimento biológico, é preciso aceitar que o profeta vivia antes mesmo de nascer, ou seja, que na menor das hipóteses, ele estaria aguardando o seu nascimento. No entanto, se pensarmos como nossos irmãos opositores da reencarnação, que a vida somente tem início com o nascimento, teríamos que admitir que o nada precede a existência, ou seja, antes de nascer, o homem é simplesmente coisa alguma.

Mas, na condição de *coisa alguma*, ele jamais poderia ser conhecido, nem mesmo por Deus. Dessa forma, ou Jeremias estaria equivocado, não falando coisa com coisa, ou Deus, grande inspirador dos livros sagrados, estaria enganado! O fato é que, por mais que alguns grupos insistam em negar a lei universal da reencarnação, o esforço será inútil, pois as próprias escrituras dão-lhe guarida e, no meio acadêmico, desfruta respaldo científico.

Capítulo 31

Reencarnação no Novo Testamento

REPLETA DE SIMBOLISMOS E alegorias, a Bíblia apresenta uma linguagem metafórica, visando evitar escândalos e assombros nos povos para os quais ela foi endereçada, em primeiro plano. Esses povos, independentemente da classe social e concepções culturais, tinham percepções e noções incipientes em relação às mensagens de Deus. Dessa forma, quando não se pode falar tudo, em decorrência do estágio de ignorância do público-alvo, recorre-se a uma escrita ou discurso na forma de alegorias, pois assim se tem a maior possibilidade de fazer-se entender. Isso implica dizer que Deus jamais poderia falar ao homem coisas das quais este desconhecesse, pelo menos, numa concepção materialista e da presente existência.

As passagens citadas no capítulo anterior referiam-se ao Antigo Testamento. A seguir, transcreveremos algumas encontradas no Novo Testamento, começando pelo Evangelho de João nos seus relatos acerca do "nascer de novo":

> E havia entre os fariseus um homem chamado Nicodemos, príncipe dos judeus. Este foi ter de noite com Jesus e disse-

236 | CÍCERO ALBERTO NUNES

-lhe: Rabi, bem sabemos que és mestre vindo de Deus, porque ninguém pode fazer estes sinais que tu fazes, se Deus não for com ele. Jesus respondeu e disse-lhe: Na verdade, na verdade te digo que aquele que não nascer de novo não pode ver o Reino de Deus. Disse-lhe Nicodemos: Como pode um homem nascer de novo, sendo velho? Porventura pode retornar ao ventre de sua mãe e nascer? Jesus respondeu: *Na verdade, na verdade te digo que aquele que não nascer da água e do espírito não pode entrar no Reino de Deus.* O que é nascido da carne é carne, e o que é nascido do espírito é espírito. Não te maravilhes de te ter dito: *Necessário vos é nascer de novo.* O vento assopra onde quer, e ouves a sua voz, mas não sabes de onde vem, nem para onde vai; assim é todo aquele que é nascido do espírito. Nicodemos respondeu e lhe disse: Como pode ser isso? Jesus respondeu e disse-lhe: Tu és mestre de Israel e não sabes isso? Na verdade, na verdade te digo que nós dizemos o que sabemos e testificamos o que vimos, e não aceitais o nosso testemunho. Se vos falei de coisas terrestres e não crestes, como crereis se vos falar das celestiais? *(Jo. 3. 1-12. Bíblia de estudos--palavras chave-Hebraico-Grego)*

No diálogo entre Jesus e Nicodemos, considerado príncipe dos judeus, encontramos mais um testemunho da pluralidade das existências. Essa clássica passagem que muitos interpretam o "nascer de novo" como sendo uma mudança de conduta, morrer para o pecado e nascer para a vida nova, na verdade não é uma simbologia. Não há nessa expressão uma alegoria para falar de outra coisa. Na verdade, o "nascer de novo" significa nascer de novo mesmo, ou seja, sair do ventre da mãe. O que nos leva a essa conclusão é o que Jesus diz em seguida, diante do não entendimento de Nicodemos: *"aquele que não nascer da água e do espírito..."*

Para toda compreensão do que se foi falado é preciso estar atento ao significado histórico das palavras e expressões. No contexto em que estamos, é preciso que chamemos a atenção de

REENCARNAÇÃO – A JUSTIÇA DE DEUS | 237

todos, principalmente daqueles que ignoram ou desconhecem o vocábulo "água" no texto bíblico, falado no tempo de Jesus. Naquela época, o termo era empregado para designar a matéria, portanto, água significava matéria. Daí o uso da expressão utilizada por Jesus "nascer da água..." para significar nascer no corpo físico, material, biológico.

Desta soma, podemos concluir que, ao usar a expressão "nascer da água e do espírito", Jesus referiu-se ao nascer de novo, literalmente. Ele não quis ser implícito, mas explícito. Jesus quis dizer a Nicodemos que nós nascemos de novo sim e que esse nascimento é uma condição para a redenção de nossas falhas, que é pelo renascimento físico que alcançaremos o Reino de Deus, pois assim entendemos por que a reencarnação é um alento, uma dádiva e uma graça do Pai. Nascendo de novo, o homem recomeça a sua existência de onde parou, ele retoma a sua caminhada, tendo que atentar para não mais errar, mas, caso erre novamente, a misericórdia celestial o fará regressar, ou seja, nascer de novo.

Não há outra compreensão para essa passagem bíblica, pois qualquer tentativa de interpretação, se não analisar as palavras nos seus significados e raízes históricas, distorcerá a mensagem do messias Salvador, o Cristo Jesus. Além disso, Nicodemos, príncipe dos judeus e mestre de Israel, certamente tinha acesso aos estudos mais elevados da Cabala e do Zohar, dois livros da religião judaica, que trazem em si princípios da pluralidade das existências.

Agora, vejamos o que nos relata o evangelista Mateus, acerca da preexistência da alma e sua sobrevivência além-túmulo. No relato entre Jesus e alguns apóstolos, encontramos de forma mais clara e incisiva o que seria uma exposição sólida da lei universal da reencarnação, pelo próprio Cristo. Analisemos a seguinte passagem:

238 | Cícero Alberto Nunes

Seis dias depois, tomou Jesus consigo a Pedro, e a Tiago, e a João, seu irmão, e os conduziu em particular a um alto monte. E transfigurou-se diante deles; e o seu rosto resplandeceu como o sol, e as suas vestes se tornaram brancas como a luz. E eis que lhe apareceram Moisés e Elias, falando com ele. E Pedro, tomando a palavra, disse a Jesus: Senhor, bom é estarmos aqui; se queres, façamos aqui três tabernáculos, um para ti, um para Moisés e um para Elias. E, estando ele ainda a falar, eis que uma nuvem luminosa os cobriu. E da nuvem saiu uma voz que dizia: Este é meu filho amado, em quem me comprazo, escutai-o. E os discípulos ouvindo isso, caíram sobre seu rosto e tiveram grande medo. E, aproximando-se Jesus, tocou-lhes e disse: Levantai-vos e não tenhais medo. E, erguendo eles os olhos, ninguém viram, senão a Jesus. E, descendo eles do monte, Jesus lhes ordenou, dizendo: A ninguém conteis a visão até que o filho do homem seja ressuscitado dos mortos. **E os seus discípulos o interrogaram, dizendo: Por que dizem, então, os escribas que é mister que Elias venha primeiro? E Jesus, respondendo, disse-lhes: Em verdade Elias virá primeiro e restaurará todas as coisas. Mas digo-vos que Elias já veio, e não o conheceram, mas fizeram-lhe tudo o que quiseram. Assim farão eles também padecer o filho do homem. Então, entenderam os discípulos que lhes falara de João Batista.** (Grifo nosso) (Mt. 17. 1-13. *Bíblia de estudos-palavras chave-Hebraico-Grego*)

Essa passagem do evangelho de Mateus coroa de forma esplendorosa a discussão acerca da reencarnação. A posição do Messias está clara e de forma inconteste até mesmo para aqueles que não querem ver. Se nossos irmãos, adeptos de crenças dogmáticas, defendem a infalibilidade da Bíblia, deveriam aceitar a doutrina das vidas sucessivas, expressa de forma clara nos trechos aqui apresentados. E olhe que isso não requer interpretar nas entrelinhas; basta apenas tomar o texto na sua expressão literal. No entanto, nossos irmãos que anatematizam a reencarnação parecem não querer enxergar o que está à sua frente!

É óbvia a posição de Jesus ao relatar que a vinda de Elias deverá preceder a todos aqueles acontecimentos. Fica claro e contundente que Jesus usa dois nomes para se referir à mesma pessoa, que Elias e João Batista, na linguagem do Dr. Ian Stevenson, são a mesma personalidade. Além disso, Mateus esclarece cada vez mais, de forma que, caso haja alguma dúvida, ela seja dirimida. No momento em que escreve – *então, entenderam os discípulos que lhes falara de João Batista* –, o apóstolo deixa claro que João Batista era a reencarnação de Elias.

Assim, cada vez que avançamos nas citações bíblicas, mostramos mais claramente o que os perseguidores do espiritismo não querem enxergar: a lei universal da reencarnação. Esses perseguidores da grande e consoladora doutrina que traduz a essência do cristianismo equivocam-se em imaginar que a reencarnação é invenção do espiritismo. Para eles, é bom que se diga que a reencarnação é uma velha companheira dos homens, sendo percebida tão logo esses homens tenham conquistado a capacidade de escutar a sua própria consciência e intuição.

Assim o espiritismo, quanto à reencarnação, apresenta a função de lapidar a pedra bruta, ou seja, de aparar as arestas do entendimento distorcido. É a ciência espírita a grande reeducadora da humanidade, em todos os aspectos. Vários povos e crenças há milênios perceberam a reencarnação; no entanto, fizeram-no de forma distorcida ou, simplesmente, perceberam-na à altura da sua capacidade de entendimento para época.

Capítulo 32

Missão do espiritismo na Terra

NA TENTATIVA DE MINAR os esforços dos que tentam elucidar as questões referentes à pluralidade das existências, grupos se formam a todo tempo para negar a reencarnação, pois, negando essa lei universal, no pensar desses combatentes dessa lei divina, eles estariam desacreditando as doutrinas que defendem essa majestosa e consoladora lei. Nesse caso, e, em especial, no combate ao espiritismo, eles se munem de seus mais inglórios artifícios para desestruturar as bases dessa inabalável ciência, sobretudo pelo fato de que coube ao espiritismo a reeducação e espiritização dos povos e de seus conhecimentos inerentes a Deus e ao homem.

De acordo com o J. Herculano Pires, em mensagem recebida pelo médium Francisco Cajazeiras[8], há uma organização encarnada e desencarnada contra a *espiritização* da humanidade. Vejamos o que nos escreve o espírito pelo médium:

> Por outro lado, cresce preocupantemente, a cada dia, um movimento que de maneira pérfida nega a importância e a

---

8. Mensagem consta do livro *Reafirmação do espiritismo?* ditado pelo espírito J. Herculano Pires ao médium Francisco Cajazeiras. Médico, orador espírita, natural de Fortaleza (CE). **N.R.**

242 | Cícero Alberto Nunes

> necessidade de "espiritização" do mundo, escudando-se de forma sórdida na natural tolerância do espiritismo para com os outros pensares religiosos e o respeito à crença alheia; na conhecida reputação de não se impor e na despreocupação de fazer adeptos, no entendimento de que a qualidade deve preponderar sobre a quantidade. É sobre essa alegativa que se engendram clamorosas e flagrantes dissonâncias, bem como indiscutíveis desvios doutrinários, comprometendo a implantação e difusão do espiritismo na Terra. (J. Herculano Pires, pelo médium Francisco Cajazeiras, *Revisão ou reafirmação do espiritismo?* pág. 33, 2009)

De acordo com a citação acima, esses falsos representantes das revelações e leis divinas querem a todo custo provar a incoerência do espiritismo, por meio dos princípios que elucidam, pelas escrituras sagradas, mas que só colaboram para comprovar os postulados espíritas. Esses *Dom Quixotes* da religião, que buscam utopias e idealismos onde só há coerência, lógica e verdade, quando a realidade se mostra diante de seus olhos; que buscam justiça, quando ela está diante deles, travestida com a toga da "espiritização"; padecem em seus altares de areia, cujo ruir já deu os primeiros sinais.

Esse cristianismo dogmático e distorcido, que serve tão somente para dispersar as ovelhas do Bom Pastor, tem em suas raízes interesses ideológicos, políticos e econômicos, que, impulsionando uma ação pseudorreligiosa, visa enganar e usurpar as populações, sobretudo os mais necessitados e menos esclarecidos.

A respeito das considerações acerca do verdadeiro cristianismo, como também podemos chamá-lo cristianismo de Jesus, em oposição ao cristianismo dos homens, houve uma tentativa de sufocá-lo, de vesti-lo com vestes suntuosas e palacianas. No entanto, o que houve de fato foi a criação de um pseudocristianismo, que se ergueu das sombras e avançou sobre os homens, sobretudo os mais necessitados. Esse falso cristianismo ou cristianismo dos homens, erguido sobre as colunas da segregação e da opulência material, forjou fatos e ideias, distorceu pensamentos e palavras, tudo para esconder a essência real e libertadora do que o Cristo anunciou.

Essa ação criacionista, de um cristianismo maquiado e distorcido, teve sua base de nascimento durante os vários concílios dos quais se serviram os donos da igreja material para engendrar novas ideias para sustentar a religião dos homens e não a do Cristo. Essa religião criada pelos homens, que não mantinha nenhuma relação com a religião do amor, de Jesus Cristo, teve seu marco no Concílio de Niceia. De acordo com J. Herculano Pires, por meio do médium Francisco Cajazeiras:

> O Concílio de Niceia, ocorrido no ano de 325, foi indiscutivelmente o marco trágico e formalizado da desfiguração do Homem de Nazaré e de sua doutrina. (Psicografia do médium Francisco Cajazeiras, *Revisão ou reafirmação do espiritismo?* pág. 93, 2009)

Assim, encontramos as raízes de muitas mudanças feitas, ao longo do tempo, na tentativa de usar o cristianismo de Jesus para finalidades puramente materialistas. Os poderosos da época mexeram e remexeram nas letras dos Evangelhos, que, além de já terem sofrido as distorções decorrentes das cópias, das reproduções pelas mãos de muitos copistas, foram objeto para o crime de *lesa humanidade*. Ao alterar ou retirar algumas das principais ideias e ações do Cristo, escritas pelos evangelistas, esses poderosos da Terra lesaram a humanidade de uma forma vil e danosa, fazendo-a agonizar nos padecimentos em decorrência dos distanciamentos da verdadeira mensagem do Cristo salvador.

Nesse pensamento, podemos dizer que, ao decidirem sobre

244 | Cícero Alberto Nunes

a retirada da reencarnação dos escritos bíblicos, os grandes da igreja e as personalidades políticas de destaque na época em que ocorreu o concílio (Constantinopla II, ano 553 d.C.) feriram a humanidade naquilo que ela mais tem de precioso: a fé e a esperança na vida futura. Além de ferir, deixaram a doutrina do Cristo agonizando, tendo ainda drenado seu sangue, gota a gota, para satisfazer as ambições de homens que se intitulavam representantes de Deus na Terra e líderes da igreja de Deus.

Jayme Andrade, em sua obra *O espiritismo e as igrejas reformadas*[9], reforça a tese de Herculano. Àqueles que veem na Bíblia a única e verdadeira fonte de verdade, e, portanto, seguem-na sem nenhuma reflexão de seus escritos, o autor escreve:

> As grandes verdades que são vitais à fé cristã, como as da encarnação e a da Trindade, foram examinadas e expressas pela igreja nessa Era dos Concílios. Tais decisões têm sido desde então aceitas pela cristandade. Ao lado dessa vitória, surgiu um prejuízo, em virtude da tendência de se pensar que a coisa mais importante era defender e guardar as definições corretas da verdade cristã. A prova da fé cristã de uma pessoa não era tanto a sua lealdade a Cristo, em espírito e pelo comportamento moral, senão a sua aquiescência ao que a igreja declarava a doutrina correta, isto é, a sua ortodoxia. Aquele que não fosse considerado ortodoxo, era expulso como herege, embora a sua vida fosse um testemunho contínuo de lealdade ao Cristo. (Andrade Apud Nichols, *O espiritismo e as igrejas reformadas*, pág. 68, 2014)

Analisando as citações acima, encontramos uma convergência entre a posição dos dois autores, que, calcadas na investigação histórico-científica, mostram o posicionamento dos grupos que se intitularam reformadores dos escritos bíblicos. Além dis-

---

9. *O espiritismo e as igrejas reformadas*. Jayme Andrade. Editora EME, Capivari, SP.

so, a ideia tratada tanto na obra de Herculano Pires como na de Jayme Andrade aponta para uma questão deveras importante para todos os que buscam a fé raciocinada: a desfiguração da essência do homem Jesus.

Nesse pensamento, o que há hoje nas escrituras sagradas precisa ser cuidadosamente analisado, para que o entendimento não seja distorcido como foram os textos originais da vida do Cristo. Analisar de forma ponderada não significa ser descrente dos atos e ações do Salvador, mas olhar para alguns detalhes que fazem a diferença na interpretação dos fatos, como a substituição de uma preposição ou simplesmente a supressão de um artigo, que certamente causarão uma diferença enorme na interpretação e análise da obra.

É bem verdade que nem tudo foi alterado, pois as tentativas de modificar textos diversos e com muitas cópias tornava-se uma ação impossível. A prova disso é que, apesar de retirarem palavras e trechos das escrituras e de modificarem alguns sentidos, os grupos encarregados pelos concílios não tiveram êxito pleno, pois, não obstante a luta encarniçada que travaram para remover quaisquer resquícios, a reencarnação continua presente nos textos bíblicos, porque estão impregnados do pensamento reencarnacionista.

Capítulo 33

Reencarnação e poder

MUITO EMBORA ALGUNS LUTEM para distorcer as mensagens de Deus para a humanidade, o máximo que conseguirão é postergar uma luta que jamais poderão vencer, pois o que está posto por Deus nenhum homem poderá apagar. Mesmo imaginando que as tentativas servem apenas para retardar, ao homem, o conhecimento da reencarnação, esta é sólida e palpável nas escrituras, necessitando apenas de um pequeno esforço de entendimento para que se alcance a exatidão de suas questões.

Temos de admitir, é claro, que alguns não querem ver, sobretudo, os adeptos das religiões dogmáticas, que leem a Bíblia de forma estritamente literal, sem empregar o mínimo de raciocínio e lógica na análise e interpretação dos fatos nela contidos. Baseiam suas ações no fato de que a fé não deve ser raciocinada. Além disso, os líderes desses movimentos, de forma sórdida e cruel, contratam tradutores inescrupulosos para desfigurar os textos originais, criando, praticamente, um *Frankenstein bíblico*, dadas as suas incoerências doutrinárias.

Não há dúvidas de que esses grupos, liderados por um poder maior, que apenas deseja se manter no controle de uma multi-

248 | Cícero Alberto Nunes

dão, desenvolvem mil e uma estratégias no sentido de negar algumas ideias que os autores dos livros do Antigo e do Novo Testamento registraram na Bíblia. Quanto a isso, temos que admitir que a mensagem de Deus para os homens, quando o assunto é o que está escrito na Bíblia, aconteceu pela via mediúnica, seja pela inspiração, seja ainda pela psicofonia ou pela psicografia. No entanto, não podemos negar a possibilidade de alteração dessas mensagens, pois, além de o médium possuir suas especificidades cognitivas e sociais, os textos foram traduzidos para várias línguas, tarefa na qual se perde muito do seu sentido, considerando-se as questões semânticas e morfolinguísticas.

Até aqui podemos aceitar que, em virtude das peculiaridades e regionalidades, esses textos tenham sofrido algumas modificações decorrentes de fatores estritamente sociolinguísticos. Sendo assim, essas modificações ou adequações não possuem um caráter dominador e sectário. Mas, quando se trata de modificações de outra envergadura, podemos assim dizer que seus modificadores ou adaptadores alteraram propositadamente esses textos para que servissem de elemento de manutenção do *status quo* e vileza.

Com propósitos vis, muitos grupos, sobretudo, de bispos e teólogos, criaram ambientes espaço-temporais para que essas modificações fossem engendradas. Alguns desses momentos se substanciaram por meio dos Concílios e dos Sínodos. No que diz respeito a esses eventos, temos de admitir que os donos do poder temporal se serviram deles para impor suas ideias pessoais acerca de determinados assuntos, a exemplo da reencarnação, da teoria da predestinação e da substância de Jesus.

Quando o assunto está assentado nas modificações que realizaram na Bíblia, Severino Celestino da Silva, em sua obra *Analisando as traduções bíblicas*, cita a resposta que São Jerônimo dá ao papa Dâmaso, quando este lhe pede que modifique as escrituras:

REENCARNAÇÃO – A JUSTIÇA DE DEUS | 249

Da velha obra me obrigais a fazer obra nova. Quereis que, de alguma sorte, me coloque como árbitro entre os exemplares das Escrituras que estão dispersos por todo o mundo, e, como diferem entre si, que eu distinga os que estão de acordo com o verdadeiro texto grego. É um piedoso trabalho, mas é também um perigoso arrojo, da parte de quem deve ser por todos julgado, julgar ele mesmo os outros, querer mudar a língua de um velho e conduzir à infância o mundo já envelhecido.

Qual, de fato, o sábio e mesmo o ignorante que, desde que tiver nas mãos um exemplar (novo), depois de o haver percorrido apenas uma vez, vendo que se acha em desacordo com o que está habituado a ler, não se ponha imediatamente a clamar que eu sou um sacrílego, um falsário, porque terei tido a audácia de acrescentar, substituir, corrigir alguma coisa nos antigos livros?

Um duplo motivo me consola desta acusação. O primeiro é que vós, que sois o soberano pontífice, me ordenais que o faça; o segundo é que a verdade não poderia existir em coisas que divergem, mesmo quando tivessem elas por si a aprovação dos maus. (São Jerônimo, tradutor da *Vulgata*, isto é, a Bíblia em latim).[10]

É fácil imaginar, a partir da citação acima, o que os donos do poder temporal propuseram ou mesmo ordenaram a alguns tradutores, quando o assunto era a tradução da Bíblia de sua língua nata para uma língua secundária. Podemos dizer que foram realizados verdadeiros enxertos, que, como bem diz São Jerônimo em sua carta, o novo daria lugar ao velho. É com esse pensamento que afirmamos, apenas dando sonoridade e eco aos trabalhos dos grandes estudiosos e pesquisadores, que não podemos ler a Bíblia de hoje como se estivéssemos lendo a Bíblia de ontem, ou seja, querendo ver coisas e fazendo os outros verem, quando elas não existem.

---

10. Severino Celestino da Silva, *Analisando as traduções bíblicas*. Refletindo a essência da mensagem bíblica, pág. 22, 2009)

250 | Cícero Alberto Nunes

Acerca da reencarnação, já tivemos oportunidade de discorrer quando dissemos que no ano de 553, que marca o Concílio de Constantinopla II e que envolveu as figuras de Justiniano e Orígenes, ocorreu a negação à lei universal da reencarnação. Já sobre a teoria da predestinação, encontramo-la em vários textos de autoria de teólogos ligados aos mais diversos credos religiosos. No entanto, há que se fazer uma observação, quando o assunto é predestinação.

Em um primeiro momento, é preciso informar aos que defendem a ideia da predestinação – pela qual Deus escolhe homens para vencer, enquanto escolhe outros para perder, ou seja, Deus distinguiria os que estariam marcados com o selo do céu e os que estariam marcados com o selo do inferno – que o significado de predestinado está para *bem-aventurado, sacro, sacrossanto, sagrado, santo, venerável* (Dicionário Online de Português). Dessa forma, o entendimento daqueles que respondem pela criação ou consolidação da doutrina da predestinação trilhou pelos rumos da distorção e irracionalidade, ou fizeram questão de distorcer os fatos encontrados nos textos bíblicos.

Assim, o que lemos na carta de Paulo aos Gálatas (Gal. 1:15) – *Mas, quando aprouve a Deus, que desde o ventre de minha mãe me separou e me chamou pela sua graça* – nada mais é do que uma exaltação à permissão do Pai para o apostolado do filho, que, apesar de estar no caminho contrário ao do cristianismo de Jesus, já havia projetado, no mundo espiritual, a sua contribuição para o edifício da fé cristã.

O que acontece com Paulo é que, como todos os envolvidos na edificação do cristianismo de Jesus, o apóstolo dos gentios assumira, ainda no plano espiritual, a missão de auxiliar o Cristo e dar continuidade à disseminação de sua doutrina. No entanto, diante de sua postura contrária ao que assumira no plano invisível, ele teve que ser desperto, como acontece com todos nós, quando estamos caminhando em sentido diferente em relação ao que assumimos antes.

REENCARNAÇÃO – A JUSTIÇA DE DEUS | 251

Dessa forma, Paulo não é nenhum privilegiado, nenhum escolhido ou eleito, sob o ponto de vista que usualmente empregamos as palavras, principalmente porque Deus não escolhe, não elege, e o simples fato de escolher e eleger representa, de um lado, um privilégio, e de outro, uma exclusão. Mesmo que encontremos as palavras *eleito* e *escolhido* nos textos bíblicos, elas não apresentam a mesma conotação que empregamos nos dias de hoje. Supondo, como alguns dizem, que Paulo fora disseminador ou pregador da teoria da predestinação, os que assim pensam, certamente, estão forçando o entendimento e o significado das palavras para forjar um paralelismo contrário à lei universal da reencarnação.

As grandes missões não são dadas por critério de escolha, muito menos são entregues como quem escolhe um trabalhador para executar uma determinada tarefa, mas são fruto de um desprendimento, de abnegação e identificação com a causa. Dessa forma, Paulo e os outros apóstolos e todos os envolvidos na missão do Cristo não foram escolhidos, mas eles mesmos, em face do envolvimento que mantinham com a causa, doaram-se para auxiliar Jesus na sua grandiosa missão de levar o amor aos homens.

Muito embora se saiba que o apóstolo Paulo não tratou da predestinação, nos termos que querem os defensores do cristianismo dogmático, podemos encontrar vários documentos em que alguns teólogos vêm corroborar os escritos de Paulo. Nesse sentido, encontramos documentos de igrejas que consolidam e sustentam essa teoria. Vejamos o que está em *O espiritismo e as igrejas reformadas*:

Confissão de fé de Westminster (1643)

III – Pelo decreto de Deus para a manifestação de sua glória, alguns homens e anjos são predestinados para a vida eter-

252 | Cícero Alberto Nunes

na e outros preordenados para a morte eterna... Ninguém é redimido por Cristo senão somente os eleitos. O resto da Humanidade aprouve a Deus deixá-la de lado para a desonra e para a ira. (H. Bettenson, *Documentos da Igreja Cristã*. Ed. Da Assoc. de Seminários Teológicos Evangélicos, 1967)

1ª Confissão Batista de Fé (1646)

III – Deus antes da constituição do mundo preordenou alguns homens para a vida eterna através de Jesus Cristo, para louvor e glória da sua graça, deixando os restantes em seus pecados, para seu justo julgamento, para louvor de sua justiça. (ibid.).

Instituição Congregacionista (1658)

O Senhor Jesus chama do mundo para a comunhão aqueles que lhe são dados pelo Pai... (ibid.). (Jayme Andrade, *O espiritismo e as igrejas reformadas*, pág. 102, 2014)

Logo em seguida, o autor transcreve outra citação, nas quais as afirmações dos jesuítas católicos dão corpo à predestinação por meio dos *Exercícios espirituais* de Inácio de Loyola. Vejamos o teor delas:

14 – É preciso também ter em mente que, embora seja verdade que ninguém é salvo a não ser aquele que é predestinado, devemos falar circunspectamente deste assunto, pois do contrário, se acentuarmos por demais a graça da predestinação, poderia parecer que fechamos a porta à vontade livre e aos méritos das boas obras; de outro lado, atribuindo a estas mais do que lhes pertence, derrogamos o poder da graça (ibid.). (Jayme Andrade, *O espiritismo e as igrejas reformadas*, pág. 103, 2014)

Não basta muito esforço para observar que os defensores da ideia da predestinação são os mesmos que defendem que essa teoria fora pregada e disseminada pelo apóstolo Paulo. Não obs-

REENCARNAÇÃO – A JUSTIÇA DE DEUS | 253

tante, acrescentando ao que já dissemos, defendemos que não pode ter sido Paulo o autor de textos tão absurdos, mas que, se de fato são dele, muito provavelmente foram modificados, como ocorreu a tantos outros por meio dos Concílios e Sínodos. Não estamos aqui, a levantar a bandeira paulina da perfeição, pois bem sabemos que Paulo era homem e, como todo homem, esteve sujeito a erros e falhas. Não obstante, queremos apenas reforçar que, se Paulo usou em seus textos a palavra predestinação, ela estava para o que já subscrevemos anteriormente, não para o que querem forçar os donos do poder temporal.

Na verdade, o que os nossos irmãos defensores do cristianismo dogmático querem, como já dissemos antes, é criar uma situação contrária ao que faz jus à lei universal da reencarnação. Ora, só há uma forma para combater, esdrúxula e incoerentemente, a pluralidade das existências: dizer que cada um está no lugar que está, assumindo a posição que assume, tendo o que tem, sendo o que é, pela teoria da predestinação. Para eles, tudo seria posto por Deus, os que seriam felizes e os que seriam infelizes, os que ririam e os que chorariam, os que viveriam na bonança e os que viveriam na miséria, os que estariam marcados para o gozo eterno e os que estariam marcados para o suplício eterno.

Este seria um pensamento mais do que tolo, para não dizer pueril. Esta seria, no pensar dos negadores da reencarnação, a única forma para explicação das diversas diferenças existentes entre os homens. Assim, reencarnação e predestinação representam caminhos opostos para a humanidade. Sendo esta incoerente, e aquela, um bálsamo para os homens. Apesar de os escritos estarem lá, em algumas traduções bíblicas, como bem mostra Jayme Andrade, temos de entender que, ao longo de todos esses séculos, o cristianismo de Jesus sofreu inúmeras tentativas de distorção, chegando mesmo a ser posto em paralelo com um cristianismo dogmático, criação dos homens para a sustentação do *status quo*.

A existência da teoria da predestinação é um fato, não de uma instituição divina, mas de uma criação puramente materialista e a serviço de pseudorreligiosos, que, na busca pelo poder e dominação, edificaram uma construção e afirmaram que sua arquitetura e engenharia fora assinada por Deus. O que se prova com isso é que mais uma vez os contrários ao processo de *espiritização* da humanidade puseram mais um acessório em suas armaduras de papel, para lançarem-se contra a lei universal da reencarnação, pois a teoria da predestinação não encontra sonoridade na pluralidade das existências. Admitir a lei universal da reencarnação é desabonar a teoria da predestinação; admitir a teoria da predestinação é negar a lei universal da reencarnação. As duas teorias não encontram justaposição entre si. Assim, enquanto a reencarnação é divina, a predestinação é humana.

Capítulo 34

Reencarnação e religiões

QUANDO SE TENTA NEGAR, a qualquer preço e custo, algo de natureza divina, paga-se realmente um preço muito caro. Não que seja o próprio Criador a cobrar esse preço, mas as Suas leis que, instituídas por Ele, autorreguláveis e justas como Aquele que as instituiu agem no sentido de depurar aquele que vive em desajuste com o plano divino, para a humanidade. Assim, todos os que movem seus esforços para adiar ou retardar o progresso dos homens terão de responder perante o tribunal de sua consciência, que os acusará e os julgará da forma mais justa, imparcial e perfeita, visando tão somente uma reeducação e jamais uma vingança ou uma sentença desumana.

Eis o que esperar para os que forjaram a criação de um cristianismo dogmático e distorcido, que conduziu muitos homens ao despenhadeiro e, precipitando-os, retardaram a sua evolução. Além de terem distorcido a mensagem do Cristo salvador, eles também atentaram e atentam ainda contra o Consolador prometido, contra aquele que justifica e testifica a doutrina do Messias, que traz luz aos escritos bíblicos e que apresenta uma proposta reeducadora para os homens, ou seja, o espiritismo.

A ciência espírita é para os maculadores das mensagens de Deus aos homens e dos ensinamentos de Jesus à humanidade uma realidade inaceitável, uma via de salvação que eles buscam, a todo custo, desvirtuar. De acordo com esses cativos da caverna, em alusão à *Alegoria* de Platão, o espiritismo é "coisa do diabo", é "prática pecaminosa aos olhos de Deus". De acordo com os perseguidores do espiritismo, este não pode ser o Consolador prometido, pois o *paráclito* apresentou-se à humanidade pouco tempo depois da partida de Jesus, no Dia de Pentecostes.

Eis nessa passagem mais uma incoerência do pensamento religioso dogmático, acreditando que pouco menos de dois meses seriam necessários para que a humanidade estivesse preparada para todas as revelações que o Cristo prometera. De acordo com as próprias palavras do Cristo, havia muito mais a se dizer, mas os homens não estavam preparados: "Tenho ainda muito que vos dizer, mas não o podeis suportar agora; quando vier, porém, aquele Espírito de Verdade, ele vos guiará a toda a verdade" (João, 16:12-13).

Ora, se os homens não estavam preparados até o momento em que Jesus estava entre eles, em corpo físico, como poderiam ter alcançado a preparação em apenas cinquenta dias depois da páscoa judaica? Eis mais uma incoerência dos perseguidores do espiritismo. É até compreensível que os homens da época pensassem que o evento pentecostal representasse a vinda do espírito Consolador; no entanto, é inaceitável que os homens de hoje, sobretudo após o advento do espiritismo, sustentem essa ideia absurda.

Quanto tempo de preparação necessita o homem para, por exemplo, graduar-se em medicina, geografia ou astronomia? Quanto tempo o homem levou para aceitar a teoria heliocêntrica, isto é, demonstrando a posição do Sol em relação à Terra? Quan-

REENCARNAÇÃO – A JUSTIÇA DE DEUS | 257

to tempo foi necessário para que o homem realmente aceitasse que os cataclismos naturais não eram castigos de Deus e, sim, uma dinâmica da natureza?

Se, para as coisas palpáveis, diríamos, deste mundo, é preciso muito tempo para o entendimento e aceitação, quanto mais para as coisas de Deus, para as coisas do céu. Disse Jesus a Nicodemos: "Sois mestre em Israel e não entendeis essas coisas? Asseguro--vos que nós falamos do que conhecemos e testemunhamos do que vimos, mas mesmo assim vós não aceitais o nosso testemunho. Eu vos falei de coisas terrenas e vós não crestes; como crereis se vos falar de coisas celestiais?" (João 3:10-12)

Para reforçar o que escrevemos acima, recorremos aos próprios textos bíblicos, contrários à predestinação, ideia que alguns dos nossos irmãos pregam, divulgam e sustentam:

> E, abrindo Pedro a boca, disse: Reconheço, por verdade, que Deus não faz acepção de pessoas; mas que lhe é agradável aquele que, em qualquer nação, o teme e faz o que é justo. (Atos 10: 34, 35)
> Porque, para com Deus, não há acepção de pessoas. (Romanos 2: 11)
> E vós, senhores, fazei o mesmo para com eles, deixando as ameaças, sabendo também que o Senhor deles e vosso está no céu e que para com ele não há acepção de pessoas. (Efésios 6: 9)

Dessa forma, podemos consolidar a ideia que vai de encontro à teoria da predestinação. Os próprios escritos bíblicos, citando apenas alguns, desmantelam a ideia de que Deus havia escolhido um povo. Mesmo que essa tese permeie algumas discussões filosóficas e teológicas, não podemos, diante do que encontramos na Bíblia, endossá-la. Mesmo admitindo que esses escritos foram modificados, que não merecem crédito, a simples lógica refuta a teoria da predestinação.

Se admitimos, como alguns teólogos e estudiosos, a infalibilidade dos escritos bíblicos, ou seja, que neles não há erros, ainda assim estamos livres para uso da lógica e da razão. Devemos entender que Deus não escolhe, que Deus não faz acepção de pessoas, que Deus não privilegia e que Deus não marca com o sinal da salvação alguns enquanto outros recebem o selo da condenação eterna. Se Ele assim o fizesse, seria um Deus tirano, maléfico, sádico e mau, totalmente diferente do Deus pai, de misericórdia e bondade infinitas, apresentado por Jesus.

Na condição de justo, misericordioso, bondoso e amável, e sendo essas faculdades infinitas, Deus criou todos os Seus filhos, todas as Suas criaturas para a vida eterna e plena, plena e abundante em felicidade, amor, paz e perfeição. Deus nos criou para amar; Ele nos fez como a todos, apesar das particularidades de cada um. Ele dispensou por cada uma de Suas criaturas Seu amor incondicional e infinito, onde cada um e todos retornarão para Ele, um dia, tão logo se despojem das imperfeições que adquiriram no curso de suas romagens.

Admitir a ideia da predestinação seria ir de encontro à pluralidade das existências, pois, se Deus criara uns para a vida eterna e outros para o tormento eterno, não haveria necessidade de nascer e renascer, uma vez que a sorte de cada um já estaria lançada no ato da criação. No entanto, além de essa teoria não encontrar solidez na própria escritura, da qual os perseguidores da reencarnação e seus defensores retiram suas supostas verdades incontestáveis, ela se torna incoerente quando a pomos em paralelo com as faculdades infinitas do Criador.

Ademais, como já dissemos anteriormente, a pluralidade das existências é um ponto em comum com todas as filosofias e doutrinas religiosas, das mais antigas às mais atuais, como podemos atestar sua presença no corpo doutrinário do hinduísmo,

REENCARNAÇÃO – A JUSTIÇA DE DEUS | 259

do islamismo e do judaísmo, algumas das principais religiões do mundo. Vejamos o relato de um verso extraído de um dos vários textos védicos:

> O verdadeiro ser vive sempre. Assim como a alma incorporada experimenta infância, maturidade e velhice dentro do mesmo corpo, assim passa também de corpo a corpo – sabem os iluminados e não se entristecem. (*Bhagavad Gita, Revelação da Verdade*, verso 13)
> Assim como o homem se despoja de uma roupa gasta e veste roupa nova, assim também a alma incorporada se despoja de corpos gastos e veste corpos novos. (*Bhagavad Gita, Revelação da Verdade*, verso 22)
> Inevitável é a morte para os que nascem: todo morrer é um nascer – pelo que, não deves entristecer-te pelo inevitável. (*Bhagavad Gita, Revelação da Verdade*, verso 27)
> Ao fim de numerosos nascimentos, o homem dotado de sabedoria chega a Mim, pensando: Vasudeva é o todo. Um homem com tão grande alma é difícil de encontrar. (*Bhagavad Gita, Exercício de Meditação*, verso 19)

Os versos do canto *Revelação da Verdade* e o do canto *Exercício de Meditação*, acima citados, são mais um testemunho doutrinário da percepção da reencarnação por parte da mais antiga manifestação religiosa da humanidade. Os versos, elementos literários de um conjunto de textos, denominados vedas, representam a crença da religião hindu, a mais antiga da humanidade. Nesses textos, no gênero hino, os hindus encontram todos os princípios morais que a alma encarnada deve seguir para elevar-se e alcançar a plenitude.

A religião hindu é professada em vários lugares do mundo, principalmente na Índia. Os textos védicos são o documento sagrado que rege a crença, que, segundo Stevenson, data de milhares de anos antes da nossa era. Neles, como haveria de se esperar, há relatos acerca da pluralidade das existências.

260 | Cícero Alberto Nunes

Além dos hindus, os muçulmanos também creem na reencarnação, uma vez que ela está presente no corpo doutrinário desses crentes, formando os textos sagrados do *Corão*. Vejamos o que há sobre reencarnação nesses textos:

> Esperam eles, acaso, algo além da comprovação? O dia em que esta chegar, aqueles que a houverem desdenhado, dirão: Os mensageiros de nosso Senhor nos haviam apresentado a verdade. Porventura obteremos intercessores, que advoguem em nosso favor? Ou retornaremos, para nos comportarmos distintamente de como o fizemos? Porém, já terão sido condenados, e tudo quanto tiverem forjado desvanecer-se-á. (Samir El Hayek, *Al Corão*, 7ª surata, versículo 53, 2006)

Na citação acima, do Corão, livro sagrado dos muçulmanos, também encontramos a pluralidade das existências como princípio religioso. Neste caso, de forma mais sutil, porém, clara e objetiva.

Percebam que a expressão *retornaremos* traz todo o significado da reencarnação, pois a palavra está no sentido de retorno à vida que viviam antes, no que diz respeito à matéria e ao mundo material. Não há nada implícito, não há nada escondido. Os que morreram, perguntam se eles porventura voltarão à Terra para se comportarem distintamente da conduta anterior.

No caso da Cabala, que representa o pentateuco do judaísmo, já realizamos várias citações demonstrando a apreensão da reencarnação por parte daqueles que receberam e escreveram as mensagens de Deus para a humanidade. Nesse aspecto, concluímos esse ponto, autenticando a apreensão da reencarnação, como dissemos, por todos os credos e doutrinas.

Vale ressaltar que todas as doutrinas e filosofias que perceberam a reencarnação, fizeram-no, por motivos diversos, de forma distorcida. No caso dos indianos, seguidores do hinduísmo, alguns defendem a ideia de que a reencarnação só pode ocorrer dentro da mesma casta, ou seja, a reencarnação para esses vem travestida de divisão social.

Os egípcios, entre outras crenças acerca da reencarnação, acreditavam que os mais virtuosos poderiam voltar para o mesmo corpo. Já alguns muçulmanos acreditam que o comportamento moral de alguém nesta existência não interferirá na sua reencarnação futura. E, para finalizar, temos os judeus reencarnacionistas, defensores da ideia de que todos nós somos a reencarnação das almas originais: Adão e Eva. Para eles, Adão e Eva representam a origem de todos nós e cada um de nós é uma fagulha dessas duas almas que se dividiram e assumiram corpos materiais grosseiros.

Assim sendo, todas as apreensões da lei universal da reencarnação, por parte dessas e de outras doutrinas religiosas, foram forjadas por um caráter místico e mítico. Não obstante, temos de ressaltar que a doutrina dos espíritos apresenta a apreensão coerente e real dessa magnânima lei divina. Não sendo, repetimos, uma criação do espiritismo, a reencarnação ocupa nele uma apreensão racional, lógica e livre de todas as distorções possíveis. O espiritismo não cria a reencarnação; apenas reúne em um corpo doutrinário sólido e livre de interferências humanas uma lei que, instituída pelo Criador, segue a humanidade e encontra-se escrita em nossa consciência desde os tempos de nossa criação. A doutrina dos espíritos reúne os princípios que já existiam, porém imersos em misticismo e mitologia. Coube ao espiritismo desmistificar e desmitificar esses princípios.

A filosofia, como já mostramos antes, dissecou a reencarnação de A a Z. Comprovou por questões lógicas e pelo uso da razão que nós não somos de hoje e sim de ontem, que estamos hoje e que estaremos amanhã. Para isso, alguns sábios tiveram seus discursos e ensinamentos disseminados por vários lugares do mundo, a exemplo de Sócrates, que, em todos os seus ensinamentos, colocava-se numa postura de nada saber, uma alusão à busca incessante do conhecimento, que, como luz, ilumina as trevas da ignorância.

Já no que encerra a ciência, alguns cientistas estudam o assunto com denominações diferentes: *psiquismo*, para o estudo da mediunidade, e *sobrevivência da personalidade anterior*, para reencarnação. A questão da reencarnação está mais do que provada e aprovada, pois a própria ciência empenha-se cada vez mais em explicar muitas situações cujas respostas só podem ser encontradas dentro de uma ótica pluriexistencial.

As igrejas (religiões), que no auge de sua dominação tanto fizeram para pôr a ciência numa posição marginalizada, encontram-se agora numa espécie de calabouço, em meio à escuridão de sua própria ignorância, pois preferem tatear no escuro a deixar-se esclarecer pelas luzes do novo e das conquistas de sua antiga prisioneira. A igreja tem lá suas razões para querer manter seus seguidores, por meio de seus ensinos dogmáticos. Ela deseja apenas sobreviver à avalanche de descobertas e conceitos que resultaram das transformações que ocorreram no campo científico e no campo espiritual, sendo este seu maior temor.

Os líderes dos movimentos igrejeiros sempre tentaram, a ferro e fogo, transformar as mensagens divinas e as lições do próprio Cristo em objeto de dominação, por meio das distorções que lhes causaram, ajustando esses ensinamentos aos seus interesses. No entanto, como já deixamos claro, esse intento não foi coroado de pleno êxito, pois, além de haver inúmeras cópias dos escritos bíblicos, o assunto pelo qual eles tanto lutaram para retirar das escrituras era uma realidade trazida ao homem desde os tem-

REENCARNAÇÃO – A JUSTIÇA DE DEUS | 263

pos mais longínquos. Mesmo quando os selvagens não tinham conhecimento sólido acerca da pluralidade das existências, eles possuíam uma intuição da sobrevivência após a morte e do retorno daqueles que morriam. É bem verdade que a noção era ainda rasteira e grosseira, mas havia neles esse gérmen.

Dessa forma, a finalidade dos donos do poder temporal não foi bem-sucedida, apesar de tentarem de todas as formas. Assim, a igreja vê na reencarnação uma possibilidade de desterramento e desmantelamento do seu pensamento de dominação para a época, que inviabilizava a manutenção de uma ideia que explicasse os tormentos dos povos pelas suas faltas unicamente presentes, facilitando assim a exploração de todo um povo, que acabava vendo a igreja como a grande e única criadora da concepção de mundo. Abolindo a reencarnação ou pelo menos tentando, ela estaria disseminando a ideia de que todos os homens são unicamente do hoje e não do ontem e tampouco do amanhã.

Vejamos o que nos escreve Léon Denis acerca das razões para que os donos da verdade tentassem contra a reencarnação:

> A igreja, já não podendo abrir à vontade as portas do paraíso e do inferno, via diminuir o seu poder e prestígio. Julgou portanto necessário impor silêncio aos partidários da doutrina secreta, renunciar a toda comunicação com os espíritos e condenar os ensinos destes como inspirados pelo demônio. Desde esse dia Satanás foi ganhando cada vez mais importância na religião católica. Tudo o que a esta embaraçava foi-lhe atribuído. A igreja declarou-se a única profecia viva e permanente, a única intérprete de Deus. Orígenes e os gnósticos foram condenados pelo Concílio de Constantinopla (553 d.C.), a doutrina secreta desapareceu com os profetas, e a igreja pôde executar à vontade a sua obra de absolutismo e imobilização. (Jayme Andrade Apud Léon Denis, *Depois da morte*, pág. 204, 2014)

Portanto, tem-se na citação acima alguns dos principais motivos pelos quais a igreja lutou ferrenhamente contra as ideias da comunicação com os mortos, contra a sobrevivência dos mortos e contra a reencarnação. Todos esses pensamentos e ideias se chocavam com o que a igreja pregava. Dessa forma, sua sustentação no poder dependia do quão forte fosse o seu ataque a essas teorias.

O grande impasse aos defensores de tais ideias deu-se pelo fato de que esses ensinamentos eram proferidos apenas a alguns poucos homens, considerados preparados para tal conhecimento, a exemplo dos *iniciados* do judaísmo. Falar dessas questões parecia algo estritamente secreto, pois os que mantivessem contato com a doutrina secreta dela não poderiam falar abertamente, como no caso de Platão, que, no Egito, ao ter acesso a esses conhecimentos, regressou à Grécia e tratou dessas questões de forma velada.

No entanto, podemos encontrar em alguns de seus diálogos, a exemplo do *Fédon* e do *Banquete*, exposições das questões da imortalidade da alma, da comunicação com o mundo dos mortos e da reencarnação. O próprio Jesus, de acordo com o Evangelho de Marcos, afirmou que nem todos deveriam ouvir claramente o conteúdo dessas questões: *A vós vos é dado saber os mistérios do Reino de Deus, mas, aos que estão de fora, todas as coisas se dizem por parábolas.* (Marcos. 4: 11). E por quê? Porque o povo, no geral, não estava preparado. A cada um o que lhe cabe ao seu tempo. Ensinar uma doutrina aos que não possuíam condições para o entendimento seria como lançar pérolas aos porcos; seria lançar semente em solo inapropriado.

A grande questão que a igreja queria evitar se tornou inevitável, pois a própria história nos mostra que essas doutrinas ocupavam o dia a dia, os ensinamentos e a mente de vários povos e

REENCARNAÇÃO – A JUSTIÇA DE DEUS | 265

crenças a exemplo dos judeus, dos druidas, dos indianos e dos egípcios, entre tantos outros. Os próprios fariseus, considerados mestres em Israel, eram cientes da doutrina reencarnacionista, pois, além de serem conhecedores dos ensinamentos esotéricos da Cabala, faziam parte do grupo de *iniciados*. Sendo assim, havia, em outras áreas do mundo, outros grupos de iniciados nos assuntos em questão, fazendo com que esses ensinamentos não estivessem apenas nas mãos dos fariseus. Outros povos e outras tradições possuíam o mesmo conhecimento, com conotações e apreensões diferentes. Sidarta Gautama, conhecido na História como Buda, que em sânscrito significa *desperto*, que viveu por volta do ano 600 antes de Cristo, pregou abertamente acerca da pluralidade das existências. Vejamos o que nos escreve Léon Denis por meio da citação de Jayme Andrade:

> O conhecimento e o amor são os dois fatores essenciais do Universo. Enquanto não adquire o amor, o ser está condenado a prosseguir na série de reencarnações terrestres, (Jayme Andrade Apud Léon Denis, pag. 198, 2014)

Assim, como evitariam os donos da verdade ensinamentos tão majestosos e disseminados mundo afora por outros povos e culturas? Isso implica dizer, como já subscrevemos anteriormente, que as tentativas não tiveram êxito, pois os esforços acabaram sendo minados por outras doutrinas religiosas que, em outras partes do mundo, defendiam a reencarnação. Por mais que alguns credos tentem negar e mantenham ainda essa postura arcaica de combater os ensinos sobre as vidas sucessivas, o próprio tempo, em que viajamos (Miranda, 2013), vai encarregar-se de mostrar a realidade tal como está posta e já construída.

Por fim, o combate dos movimentos igrejeiros – dos nossos irmãos que ainda não se puseram na fila para beber da água pura e verdadeira, que o próprio Cristo ofereceu à mulher, quando estavam os dois à beira do poço – não é contra o espiritismo, mas contra os princípios cristãos, contra as leis do Criador. Leis que são interpretadas na sua forma mais racional – portanto, verdadeira – por essa doutrina consoladora e esclarecedora.

Não pensemos que o espiritismo é o alvo dos falsos pastores. Eles não querem desestruturar a doutrina dos espíritos, definitivamente. O verdadeiro adversário dos que ainda relutam em aceitar os princípios espíritas, que são os mesmos princípios cristãos, é a Luz, pois eles optaram viver ancorados na escuridão. Quando Jesus diz que, *conhecendo a verdade, a verdade nos libertará,* o Mestre quer dizer que a verdade nos libertará da escuridão do sectarismo. Quando diz que todos somos filhos do mesmo Pai, ele afirma que somos todos irmãos e nos convida à religião do amor. Conhecer a verdade é libertar-se da escuridão do julgamento. Daí a razão de Jesus haver dito *não julgueis para que não sejais julgados.* Conhecer a verdade é libertar-se da escuridão do privilégio. Porque Deus não faz acepção de pessoa. Portanto, quando atacam o espiritismo, a reencarnação, a mediunidade e tantos outros princípios cristãos elucidados pela doutrina dos espíritos, eles atacam a própria Luz do Cristo, que, deixada para iluminar os caminhos de todos, esclarece e consola em conhecimento e verdade toda a humanidade. Assim, o espiritismo, longe de ser um grupo fechado ou privilegiado, é tão somente uma cultura, uma filosofia e uma ciência, que, emanada do Pai, marcha em direção à humanidade para esclarecê-la, reeducá-la e espiritualizá-la.

Capítulo 35

Considerações finais

DEVIDAMENTE APRESENTADOS OS *CONSTRUCTOS* que corroboram a reencarnação, tanto na dimensão científica como na dimensão religiosa, e calcado o trabalho na razão e na lógica, deve-se admitir que é irracional a sustentação de ideias contrárias a esta magnânima e consoladora lei universal, que emanada do Criador, banha toda a humanidade, tanto os encarnados como os desencarnados.

Mostrou-se por meio deste trabalho que a lei universal da reencarnação é uma velha companheira dos homens, desde os tempos mais remotos de sua existência, e a cada dia ganha mais espaço nos bastidores dos estudos científicos e filosóficos. Vê-se iniciar um fenômeno que caminha para se tornar avassalador: cristãos dogmáticos e autoridades religiosas, por um despertar, inicialmente intuitivo, desvencilham-se do sectarismo, do preconceito e da ignorância, para tornarem-se defensores da doutrina dos espíritos.

Neste rol, podemos citar o bispo James Van Praagh e Jayme Andrade, que, com sabedoria e lucidez, souberam analisar os ensinamentos contidos nos livros sagrados e, acima de tudo, entender das possibilidades de se encontrar alterações feitas pelos

268 | Cícero Alberto Nunes

próprios homens, movidos pelo desejo de subjugar e dominar aqueles que deviam guiar.

Provou-se também que homens destemidos e desprovidos de preconceitos e dogmas puderam analisar e entender os fenômenos explicados pela doutrina dos espíritos, e que com esses ensaios e pequenos passos da ciência, na direção do que organizou o espiritismo, possibilitou-se o vislumbre de uma nova realidade existente entre as duas áreas de entendimento das coisas da vida: a ciência e a religião.

Ficou claro também que espiritismo só pode ser considerado como religião se e somente se forem retirados desse conceito todos os dogmas, rituais, misticismo e mitos, que obscurecem o entendimento dessa palavra. Que espiritismo só pode ser considerado religião no sentido de consolo e salvação, de religação da criatura com seu Criador.

Em suma, ficou patente com este trabalho que um dia todas as religiões, no dizer de Herculano Pires, se espiritualizarão, o que, nas palavras de Léon Denis, só acontecerá quando o espiritismo tornar-se o futuro das religiões. Que um dia a ciência materialista tornar-se-á tão sutil, que formará com o espiritismo um só corpo, não havendo mais a dissociação entre ciência e religião, mas uma interconectividade entre essas áreas do conhecimento humano.

Deixamos também a certeza de que, um dia, todos estarão envoltos nos conhecimentos e entendimentos da lei universal da reencarnação, da mediunidade, da sobrevivência além-túmulo e de todos os princípios que sempre existiram e que apenas foram organizados pelo espiritismo, aparadas todas as arestas.

Nesse dia, todos nós seremos um, em pensamento, em virtude e em Deus. Seremos, como o próprio Jesus prescreveu: deuses, fazendo muito mais do que imaginávamos fazer. Nesse mesmo dia, a humanidade terrena estará de braços dados como irmãos e filhos do mesmo Pai, sem acepção de pessoa, raça e credo. Todas as filosofias e doutrinas fundir-se-ão em apenas uma: a filosofia do espírito. Tudo terá concorrido para o aperfeiçoamento da criatura e de sua proximidade com o Pai.

Para, enfim, finalizar, deve-se entender acerca da pluralidade de credos, que o propósito do Pai é único, que a única religião ou preceito deixado pelo Messias salvador foi o amor, como meio de religação entre Criador e criatura. Não obstante, deve-se dirimir das filosofias religiosas que não foi Deus quem as criou ou Jesus quem as regulamentou, mas Deus se utiliza das criações humanas, sendo benéficas ou não, para realizar o grande bem à humanidade.

Não era para existir religiões diversas, mas diversos homens quiseram, movidos pelo livre-arbítrio dado por Deus, apreender de forma equivocada e distorcida as leis do Criador. Não obstante, Deus, que é infinitamente bom e misericordioso, se utiliza dessas diversas religiões para não deixar Seus filhos mais rebeldes na orfandade de doutrina, pois, a cada um, lhe cabe compreender ao seu tempo.

Assim, o papel do espiritismo é consolar e esclarecer a humanidade, reeducando os homens para que todos alcancem, mais cedo ou mais tarde, a espiritualização, fazendo-os reentrar no aprisco do Senhor. A grande importância da doutrina espírita está em oportunizar aos homens o verdadeiro entendimento das coisas da vida, do homem e do Pai, na medida em que os homens adquirem razão para entender tais revelações.

A doutrina dos espíritos, ainda, representa a fé raciocinada, na medida em que o esclarecimento é produto da reflexão e análise do que se conhece das revelações, de forma que o homem deve colocar à luz da razão tudo que lhe é apresentado, pois a verdade deve ser, antes de declarada e comprovada como tal, experimentada e analisada.

Assim, ser espírita não representa ser do espiritismo, como ser cristão não significa ser de um credo cristão qualquer; mas, sobretudo, apresentar uma práxis pura e verdadeiramente calcada na caridade, resultado de uma reforma íntima, transformando o conhecimento no saber, condição *sine qua non* para toda e qualquer libertação daquilo que separa a criatura de seu Criador.

Bibliografia

AKSAKOF, Alexandre. *Animismo e espiritismo.*

ANDRADE, Jayme. *O espiritismo e as igrejas reformadas.* Capivari. 1ª edição. 10ª reimpressão. Editora EME. 2014.

BOZZANO, Ernesto. *A crise da morte, segundo o depoimento dos espíritos que se comunicam.* Tradução de Guillon Ribeiro. Brasília. 11ª edição. FEB. 2015.

BRAGUE, Rémi. *O tempo em Platão e Aristóteles.* São Paulo. Edições Loyola. 2003.

CAJAZEIRAS, Francisco. Pelo espírito J. Herculano Pires. *Revisão ou reafirmação do espiritismo?* Fortaleza. 1ª edição. Edições ICE. 2009.

CHAUÍ, Marilena. *Introdução à história da filosofia.* Dos Pré-socráticos a Aristóteles. Edição revisada e ampliada. São Paulo. 2ª Edição. Editora Brasiliense. 2002.

BRASIL, *Constituição Federal da República.* Senado Federal. 2011/2012.

DENIS, Léon. *O grande enigma.* Brasília. 16ª edição. 1ª impressão. FEB.2014.

DESCARTES, René. *Discurso do método*. São Paulo. Editora WMF Martins Fontes. 2014.

_____, René. *Meditações metafísicas*. São Paulo. 3ª Edição. Editora WMF Martins Fontes. 2011.

EINSTEIN, Albert. *A teoria da relatividade*. Sobre a teoria da relatividade especial e geral. Porto Alegre. L&PM Editores. 2013.

FREUD, Sigmund. *O mal-estar na cultura*. Tradução de Renato Zwick. Porto Alegre. 2ª edição. Editora L&PM. 2015.

_____, Sigmund. *Totem e tabu*: algumas concordâncias entre a vida psíquica dos homens primitivos e a dos neuróticos. Tradução de Paulo César de Souza. São Paulo. 1ª edição. Editora Schwarcz. 2013.

GUIMARÃES, Alberto Passos. *A pedra com alma. A fascinante história do magnetismo*. Rio de Janeiro. Editora Civilização Brasileira. 2011.

GOSWAMI, Amit. *A física da alma - A explicação científica para a reencarnação, a imortalidade e experiências de quase morte*. São Paulo. Editora Aleph. 2005.

HAYEK, Samir El. *O Alcorão Sagrado*. Foz do Iguaçu. Rocket Edition. 2006.

JR., Raymond Moody. *Vida após a vida*. Brasil. Editora Nórdica. 2013.

KARDEC, Allan. *A Gênese. Os Milagres e as Predições Segundo o Espiritismo*. Apresentação e notas de J. Herculano Pires. São Paulo. 22ª Edição. Livraria Allan Kardec Editora. 2005.

_____, Allan. *Estudo sistemático da doutrina espírita*. Programa complementar- tomo único. Brasília. 1ª edição. 5ª reimpressão. FEB. 2012.

_____, Allan. *O Evangelho segundo o Espiritismo*. Tradução de J. Herculano Pires. São Paulo. 66ª Edição. Livraria Allan Kardec Editora. 2010.

_____, Allan. *O Livro dos Médiuns.* Tradução: Salvador Gentile. São Paulo. Boa Nova Editora. 2004.

_____, Allan. *O Livro dos Espíritos.* Tradução: Salvador Gentile. São Paulo. Boa Nova Editora. 2004.

KÜNG, Hans. *O princípio de todas as coisas. Ciências naturais e religião.* Rio de Janeiro. 3ª Edição. Editora Vozes. 2007.

LAITMAN, Michael. *Cabala: alcançando mundos superiores, um guia para a descoberta espiritual.* São Paulo. Editora do Brasil. 2006.

LENOIR, Frédéric. *Deus, Sua história na epopeia humana.* Rio de Janeiro. 1ª Edição. Prisa Edições. 2011.

MARTY, Martin. *O mundo cristão. Uma história global.* Rio de Janeiro. 1ª Edição. Editora Objetiva. 2014.

MELO, Luís Olímpio Ferraz. *Novas abordagens.* Fortaleza. ABC Editora. 2011.

MIRANDA, Hermínio C. *A memória e o tempo.* Bragança Paulista. 8ª edição. Instituto Lachatre. 2013.

MIRANDA, Hermínio C. *Reencarnação e imortalidade.* Brasília. 6ª edição. FEB. 2010.

OSTRANDER, Sheila e Schroeder, Lynn – Tradução de Octaviano Mendes Cajado. *Experiências psíquicas além da cortina de ferro.* São Paulo. Editora Cultrix. 1970

PINHEIRO, Robson. Pelo espírito Ângelo Inácio. *Tambores de Angola.* Coleção Segredos de Aruanda. Vol. 1. Contagem. 2ª Edição. Revisada e ampliada. Casa dos Espíritos Editora. 2006.

PIRES, J. Herculano. *Agonia das religiões.* São Paulo. 10ª Edição. Editora Paidéia. 2009.

_____, J. Herculano. *Concepção existencial de Deus.* São Paulo. 6ª Edição. Editora Paidéia. 2003.

_____, J. Herculano. *Pedagogia espírita*. Campinas. 11ª edição. Editora Paideia. 2008.

_____, J. Herculano. *O espírito e o tempo* - Introdução Antropológica ao Espiritismo. São Paulo. 12ª Edição. Editora Paideia. 2016.

PLATÃO. *A República*. São Paulo. Editora Martin Claret. 2003.

ROUSSEAU, Jean-Jacques. *Emílio ou da educação*. Tradução de Roberto Leal Ferreira. São Paulo. 4ª edição. Martins Fontes. 2014.

ROZA-GARCIA, Luiz Alfredo. *Freud e o inconsciente*. Rio de Janeiro. 23ª reimpressão. 2ª edição. Zahar. 2011.

SILVA, Severino Celestino da. *Analisando as traduções bíblicas*, Refletindo a essência da mensagem bíblica. João Pessoa. 6ª edição. Ideia. 2009.

STEVENSON, Ian. *Crianças que se lembram de vidas passadas*. Tradução de Carolina Coelho. São Paulo. 1ª edição. Editora Vida e Consciência Ltda. 2011.

_____, Ian. *Reencarnação. Vinte casos*. São Paulo. 2ª Edição revisada e ampliada. 2011.

_____, Ian. *Xenoglossia, novos estudos científicos*. Tradução de Cacilda Guerra. São Paulo. 1ª edição. Editora Vida e Consciência Ltda. 2012.

SZLEZÁK, Thomas Alexander. *Platão e a escritura da filosofia. Análise de estrutura dos diálogos e da maturidade à luz de um novo paradigma hermenêutico*. São Paulo. Edições Loyola. 2009.

UBALDI, Pietro. *A grande síntese*. Rio de Janeiro. 18ª Edição. 1997.

WILSON, Emily. *A morte de Sócrates. Herói, vilão, falastrão e santo*. Rio de Janeiro. Editora Record Ltda. 2007.

XAVIER, Chico. Pelo espírito Emmanuel. *A caminho da luz*. Brasília. 38ª Edição. 3ª reimpressão. FEB. 2015

_____, Chico. Pelo espírito André Luiz. *Sexo e destino*. Brasília. 34ª Edição. 2ª impressão. FEB. 2013.

_____, Chico. Pelo espírito Humberto de Campos (pseudônimo Irmão X). Organizado por Gerson Simões Monteiro. *No roteiro de Jesus*. Brasília. 2ª Edição. 4ª impressão. FEB. 2013.

_____, Francisco Cândido. *Emmanuel. Mensagens de conforto espiritual*. São Paulo. 5ª Edição. IDE. 2002.

_____, Francisco Cândido. Pelo espírito André Luiz. *Ação e reação*. Brasília. 30ª Edição. 2ª impressão. FEB. 2013.

_____, Francisco Cândido. Pelo espírito André Luiz. *Evolução em dois mundos*. Brasília. 27ª Edição. 2ª impressão. FEB. 2014.

_____, Francisco Cândido. Pelo espírito André Luiz. *Mecanismos da mediunidade*. Brasília. 28ª Edição. 2ª impressão. FEB. 2013.

_____, Francisco Cândido. Pelo espírito André Luiz. *Missionários da luz*. Brasília. 45ª Edição. 1ª impressão. FEB. 2013.

_____, Francisco Cândido. Pelo espírito André Luiz. *No mundo maior*. Brasília. 28ª Edição. 2ª impressão. FEB. 2013.

_____, Francisco Cândido. Pelo espírito Emmanuel. *O consolador*. Brasília. 29ª Edição. 1ª impressão. FEB. 2013.

_____, Francisco Cândido. Pelo espírito Emmanuel. *A caminho da luz*. Brasília. 30ª Edição. 3ª impressão. FEB. 2015.

ZÖLLNER, J. K. Friedrich. Tradução Thomaz Williams. *Provas científicas da sobrevivência – Física transcendental*. Sobradinho. 6ª Edição. Edicel. 1996.

Dados do autor

NASCIDO EM JUAZEIRO DO Norte (CE), um dos maiores centros de romaria do Brasil, no dia 12 de setembro de 1971, o educador e pesquisador Cícero Alberto Nunes graduou-se em Geografia pela Universidade Estadual do Ceará, licenciado para as disciplinas de Geografia, História, Sociologia e Filosofia. Especializou-se na área de Gestão e Avaliação da Educação Pública, pela Universidade Federal de Juiz de Fora.

Em 2003 deram-se as primeiras experiências acerca do desconhecido e intrigante mundo espiritual. Movido pelo desejo de conhecimento e na busca de respostas, o antes desconhecido tornou-se revelador. Iniciava assim sua jornada exploratória, descortinando diante de si amplo campo de pesquisas, especialmente, no que se refere à reencarnação.

O espiritismo, que muitos denominam ciência, filosofia ou cultura espírita, ganha espaço privilegiado em seus trabalhos, de tal sorte que o objeto de suas pesquisas, antes circunscrito no campo das hipóteses, assume o caráter de ciência, mediante as evidências encontradas na grande lei das vidas sucessivas.

Em seus estudos a hipótese ganha corpo e passa à certeza. À

medida que avança nas pesquisas, as dúvidas sobre a continuação da vida além-túmulo e as relações entre o mundo dos homens e o mundo espiritual vão se desfazendo. A cada descoberta, abrem-se campos para novas pesquisas, num processo contínuo.

Além das leituras, o autor é estimulado também por meio de alguns fenômenos mediúnicos, em que, por meio deles, tem contato com espíritos (almas daqueles que deixaram a Terra), observando também as experiências anímicas do próprio médium, vividas, possivelmente, em outras vidas.

Seus estudos estão baseados na ciência espírita e em teorias e discussões filosóficas realizadas por renomados filósofos, a exemplo de Sócrates, Platão, Schopenhauer, Voltaire, Descartes, C. J. Ducass, Goethe, entre outros. Suas observações e conclusões, desenvolvidas com o rigor científico, permitem-no apresentar aos colegas de Academia uma "certeza palpável" acerca da reencarnação. Nesse mister, apoia-se nos trabalhos de grandes estudiosos, a exemplo de Aksakof, Zöllner, Moody Jr., Goswami, Stevenson, Banerjee, Ducass e alguns mais contemporâneos, como Robert Lanza.

O autor reside em Fortaleza-CE. É trabalhador do ICE (Instituto de Cultura Espírita do Ceará) e colaborador da RIE (Revista Internacional do Espiritismo).

VOCÊ PRECISA CONHECER

Destino: determinismo ou livre-arbítrio?
Wilson Czerski
Estudo • 16x23 cm • 336 pp.

Para responder à fascinante questão, o autor se baseia nas obras de Kardec e em renomados filósofos e autores, além de trazer a opinião de outras religiões. Comparando de maneira convincente o determinismo e o livre-arbítrio, apresenta ainda casos atuais, analisados de acordo com a lei de causa e efeito.

Reencarnação - questão de lógica
Américo Domingos Nunes Filho
Estudo • 16x22,5 • 320 pp.

Este livro vem esmiuçar o tema reencarnação, provando em vários aspectos a sua realidade. Américo Domingos Nunes Filho realizou um estudo criterioso e muito bem embasado nos textos bíblicos, em experimentos científicos, nos depoimentos de estudiosos de diversas áreas do conhecimento humano, constituindo-se numa obra que não comporta contestação por sua clareza e veracidade.

Respostas espíritas
Donizete Pinheiro
Estudo • 14x21 • 224 pp.

Temas intrigantes como mortes coletivas, aborto, suicídio, céu e inferno, eutanásia, doação de órgãos e outras questões, num total de 60 capítulos serão amplamente comentados com a lógica que o estudo espírita proporciona.

Além disso esse material, tão bem elaborado pelo autor, será muito bem aproveitado se utilizado em cursos dentro das casas espíritas, cuja maior finalidade é lançar luz sobre os problemas humanos.

VOCÊ PRECISA CONHECER

Peça e receba – o Universo conspira a seu favor
José Lázaro Boberg
Estudo • 16x22,5 cm • 248 pp.

José Lázaro Boberg reflete sobre a força do pensamento, com base nos estudos desenvolvidos pelos físicos quânticos, que trouxeram um volume extraordinário de ensinamentos a respeito da capacidade que cada ser tem de construir sua própria vida, amparando-se nas Leis do Universo.

Getúlio Vargas em dois mundos
Wanda A. Canutti • Eça de Queirós (espírito)
Romance mediúnico • 16x22,5 cm • 344 pp.

Getúlio Vargas realmente suicidou-se? Como foi sua recepção no mundo espiritual? Qual o conteúdo da nova carta à nação, escrita após sua desencarnação? Saiba as respostas para estas e outras perguntas, agora em uma nova edição, com nova capa, novo formato e novo projeto gráfico.

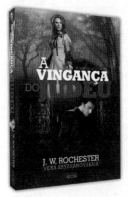

A vingança do judeu
Vera Kryzhanovskaia • J. W. Rochester (espírito)
Romance mediúnico • 16x22,5 cm • 424 pp.

O clássico romance de Rochester agora pela EME, com nova tradução, retrata em cativante história de amor e ódio, os terríveis fatos causados pelos preconceitos de raça, classe social e fortuna e mostra ao leitor a influência benéfica exercida pelo espiritismo sobre a sociedade.

VOCÊ PRECISA CONHECER

André Luiz e suas revelações
Luiz Gonzaga Pinheiro
Estudo • 14x21 cm • 184 pp.

Ao longo da série *A vida no mundo espiritual* a alma humana é profundamente dissecada. Como cada livro trata de um tema individual, Luiz Gonzaga Pinheiro escolheu 20, desdobrando-os e aprofundando-os para que cheguem ao entendimento do leitor sem muito tempo para pesquisa ou sem afinidade com a ciência.

Doutrinação para iniciantes
Luiz Gonzaga Pinheiro
Doutrinário • 14x21 cm • 256 pp.

Criada e desenvolvida por Allan Kardec, a doutrinação espírita é usada para conduzir à luz os espíritos desencarnados. Antes muito voltada aos espíritos obsessores, hoje a doutrinação se destina a todos os espíritos. Neste livro, Luiz Gonzaga Pinheiro retoma o assunto que, em suas palavras, é "uma das mais belas tarefas da casa espírita", mas também "uma das mais difíceis de executar".

Suicídio – a falência da razão
Luiz Gonzaga Pinheiro
Estudo • 14x21 cm • 216 pp.

Por qual razão alguém se acha com o direito de agredir a vida? Todo aquele que atenta contra a vida comete um crime brutal contra as leis de amor instituídas por Deus. Nesta obra, Luiz Gonzaga Pinheiro analisa o suicídio sob diversos aspectos, sempre tentando desconstruir a ideia da sua prática, enfatizando o erro fatal que é a sua realização.

VOCÊ PRECISA CONHECER

Mediunidade para iniciantes
Luiz Gonzaga Pinheiro
14x21 cm • 184 pp.

A possibilidade de comunicação entre vivos e mortos é um tema que interessa a cada um em particular. Este estudo que Luiz Gonzaga Pinheiro nos apresenta é fundamental para os que desejam se informar sobre o que significa a mediunidade, tornando-nos mais aptos a perceber os seus sinais em nossa vida.

Diário de um doutrinador
Luiz Gonzaga Pinheiro
14x21 cm • 216 pp.

É obra que enfoca, através de relatos sintéticos e de fácil assimilação, a realidade de uma reunião de desobsessão. São narrados fatos reais, onde a necessidade de conhecimento doutrinário, da aquisição da disciplina moral e mental são indispensáveis. Recomenda-se como livro obrigatório para médiuns, dirigentes e doutrinadores em centros espíritas.

Elos de ódio
Ricardo Orestes Forni
Romance espírita • 14x21 cm • 240 pp.

Baseado em história real narrada por Divaldo Pereira Franco, *Elos de ódio* é um romance intenso que narra um conflito entre espíritos envolvidos pela lei de semeadura e colheita proporcionada pela reencarnação.

VOCÊ PRECISA CONHECER

Se sabemos, por que não fazemos?
José Maria Souto Netto
Autoajuda • 14x21 cm • 160 pp.

O autor se debruça sobre as lições do espiritismo e do evangelho de Jesus para oferecer algumas reflexões, propor atitudes que nos ajudem na prática, que deve ser simples e natural, e para demonstrar que todos podem avançar do conhecimento para a vivência, sair da ignorância para a atitude.

Quando o amor vai embora
Rubens Toledo
Romance espírita • 14x21 cm • 176 pp.

Larissa é o estereótipo daquele tipo de pessoa onde a necessidade de estima ocupa uma posição de destaque entre as demais. A culpa de um ato cometido em seu passado a motiva deixar o lar, abandonando seus três filhos e seu companheiro, colocando-a na dolorida rota da ingratidão, do egoísmo e até da obsessão e suas consequências...

Animais e espiritismo
Rodrigo Cavalcanti de Azambuja
Estudo • 14x21 • 192 pp.

Este livro traz interessantes questões históricas e científicas sobre os animais, sobre o relacionamento destes com o homem e, sobretudo, sobre os pontos de contato entre este relacionamento homem/animais e a doutrina espírita.

VOCÊ PRECISA CONHECER

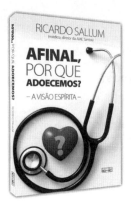

Afinal, por que adoecemos?
Ricardo Sallum
Autoajuda • 14x21 cm • 144 pp.

De forma envolvente, Ricardo Sallum vai respondendo às seguintes questões, sem ditar normas ou regras: será que as doenças são "castigos divinos"? Quantas enfermidades não passam de estados vibratórios da mente em desequilíbrio? Será que a dor é ainda um mal necessário?

Paixão & sublimação - A história de Virna e Marcus Flávius
Ana Maria de Almeida • Josafat (espírito)
Romance mediúnico • 14x21 • 192 pp.

Atravessando vários períodos da História, Virna e Marcus Flávius, os personagens desta trama, serão submetidos ao cadinho das experiências e das provações e, como diamante arrancado da rocha, serão lapidados através das múltiplas experiências na carne até converterem-se em servos de Deus.

Seja feita a sua vontade – A força do querer
José Lázaro Boberg
Estudo • 14x21 cm • 256 pp.

Com exemplos do cotidiano, o autor desvenda uma possibilidade instigante – a capacidade de sempre poder ser o autor da própria vida – fazendo dela uma trajetória de sucesso ou uma parada em sua escalada evolutiva se não se propuser a assumir o controle e a direção da sua caminhada atual.

VOCÊ PRECISA CONHECER

O veterinário de Deus
Diversos autores
Contos • 14x21 cm • 152 pp.

Reunindo alguns de seus maiores autores – Donizete Pinheiro, Ricardo Orestes Forni, Zélia Carneiro Baruffi, Lúcia Cominatto, Rubens Toledo, Dauny Fritsch e Isabel Scoqui – a Editora EME resgata o gênero literário que mais atrai leitores no mundo inteiro, de todas as idades: os contos.

A oração pode mudar sua vida
José Lázaro Boberg
Doutrinário • 14x21 • 280 pp.

Será que a oração pode mesmo mudar minha vida? Mas como? Esses e outros questionamentos são esclarecidos minuciosamente pelo autor Boberg, que consegue nos explicar, de uma maneira simples, como a oração pode nos favorecer no trilhar do caminho sinuoso da vida terrena.

Entre a fé e a razão - o amor
Rubens Molinari
Estudo • 14x21 cm • 192 pp.

O espiritismo trouxe-nos novas verdades espirituais, reavivando os ensinos de Jesus.

Com Entre a fé e a razão – o amor, Rubens Molinari comprova que o estudo doutrinário nos oferece plena liberdade moral de forma a nos amarmos mutuamente, com toda a caridade e dentro da perfeita justiça do Pai.

VOCÊ PRECISA CONHECER

Perda de pessoas amadas
Armando Falconi Filho
Autoajuda • 16x22,5 cm • 160 pp.

Apresenta a mensagem consoladora do espiritismo e vai ajudá-lo a encarar a morte de uma forma menos dolorida, trazendo compreensão e fortaleza.

Perdão gera saúde
Armando Falconi Filho
Autoajuda • 16x22,5 cm • 224 pp.

O perdão é o amor a mais, cuja expressão nos liberta da mágoa, da vitimização, da paralisia existencial, da escravidão autoimposta. Nesta obra, o autor mostra que tudo o que alimentamos cresce e fortalece: alimentando o perdão, fortalecemos nossa fé, nossa autoconfiança – nossa saúde individual e coletiva.

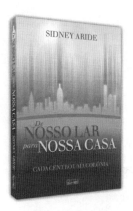

De Nosso Lar para nossa casa
Sidney Aride
Estudo • 14x21 cm • 192 pp.

Com o esclarecimento recebido pelos espíritos desde a codificação do espiritismo, temos convicção de que a vida na Terra é uma cópia imperfeita do que existe no nosso verdadeiro domicílio, que é a pátria espiritual, de onde viemos para essa nova etapa evolutiva e para onde voltaremos depois de cumprida nossa jornada nessa encarnação.

VOCÊ PRECISA CONHECER

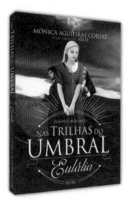

Nas trilhas do umbral: Eulália
Mônica Aguieiras Cortat • Ariel (espírito)
Romance mediúnico • 14x21 cm • 200 pp.

Em *Nas trilhas do umbral – Eulália*, um time de espíritos encarnados e desencarnados vai nos contar histórias de resgates ocorridos naquela região – e cheios de ensinamentos –, como o da mãe aflita que pede ajuda para resgatar seu filho suicida que se encontra sofrendo nos mais sombrios recantos do umbral.

Triunfo de uma alma - recordações das existências de Yvonne do Amaral Pereira
Ricardo Orestes Forni
Biografia • 14x21 cm • 200 pp.

Yvonne do Amaral Pereira teve imensa força interior para realizar o triunfo de uma alma em sua última reencarnação. Mais do que uma homenagem, este livro é um importante alerta a todos nós viajantes na estrada evolutiva, sobre a colheita da semeadura que realizamos na posse de nosso livre-arbítrio.

Episódio da vida de Tibério
Vera Kryzhanovskaia • J. W. Rochester (espírito)
Romance mediúnico • 14x21 cm • 192 pp.

Episódio da vida de Tibério é a obra inaugural da literatura rochesteriana onde o próprio Tibério, Imperador romano, dá testemunho de seu fascínio por Lélia – princesa germânica por quem ele nutriu um amor doentio em mais de uma encarnação –, desvendando a trajetória de suas vidas pregressas e as inúmeras responsabilidades que resultaram de suas ações no passado.

Não encontrando os livros da **EME** na livraria de sua preferência,
solicite o endereço de nosso distribuidor mais próximo de você através de
Fones: (19) 3491-7000 / 3491-5449
(claro) 9 9317-2800 (vivo) 9 9983-2575
E-mail: vendas@editoraeme.com.br – Site: www.editoraeme.com.br

Esta edição foi impressa na Gráfica EME,
sendo tiradas três mil cópias, todas em
formato fechado 155x225mm e com mancha
de 115x170mm. Os textos foram compostos
nas fontes Book Antiqua e Myriad Pro.

Setembro de 2019